"十三五"普通高等教育本科系列教材

首批国家一流本科课程配套教材

U0643088

电力电子技术
实验指导书

（第二版）

王鲁杨　王禾兴　王育飞　袁淑娟
高小飞　汤　波　舒筠佳　吴承天　编著

王　萍　主审

中国电力出版社
CHINA ELECTRIC POWER PRESS

内 容 提 要

本书是根据电力电子技术课程的要求,以及电力电子技术的发展和教学改革的不断深入,结合作者多年来电力电子技术实践性教学环节的改革经验,针对加强学生实践能力和创新能力培养的教学目的而编写。

全书共 6 章,主要内容包括电力电子技术实验装置,电力电子技术实验的基本要求和安全操作说明,电力电子技术实验,综合性、设计性实验,MATLAB 仿真实例,OrCAD PSpice 仿真实例。书后有两个附录,分别为 PWM 控制芯片 SG3525 功能简介和 SDS1102CNL 型数字示波器使用说明。

本书可作为高等院校电气类专业及相近专业研究生和本科生的实验教材,也可供有关工程技术人员参考。

图书在版编目（CIP）数据

电力电子技术实验指导书/王鲁杨等编著. —2 版. —北京:中国电力出版社,2017.5
(2023.8 重印)

"十三五"普通高等教育本科规划教材

ISBN 978 - 7 - 5198 - 0524 - 1

Ⅰ. ①电…　Ⅱ. ①王…　Ⅲ. ①电力电子学–实验–高等学校–教材　Ⅳ. ①TM1 - 33

中国版本图书馆 CIP 数据核字（2017）第 058328 号

出版发行:中国电力出版社
地　　址:北京市东城区北京站西街 19 号（邮政编码 100005）
网　　址:http://www.cepp.sgcc.com.cn
责任编辑:陈　硕（010-63412532）
责任校对:常燕昆
装帧设计:郝晓燕　张　娟
责任印制:吴　迪

印　　刷:望都天宇星书刊印刷有限公司
版　　次:2011 年 3 月第一版　2017 年 5 月第二版
印　　次:2023 年 8 月北京第八次印刷
开　　本:787 毫米×1092 毫米　16 开本
印　　张:9.5
字　　数:227 千字
定　　价:22.00 元

前　　言

随着电力电子技术的发展及其应用的日益广泛，电力电子技术课程在电气类专业学生知识体系中的地位越来越重要。本书第一版自 2011 年出版以来，在电力电子技术实验教学中发挥了重要的作用。随着相关学科技术的发展，以及对电力电子实验要求的提高，相关内容持续更新，为此进行了改版。

第二版中增加和更新了下列内容：

（1）对 1.1 节"概述"中实验装置的介绍内容进行了充实，并增加了电力电子实验装置中三种连接导线、实验挂件上三种插孔的介绍。

根据更新的实验设备，在 1.4 节"三相晶闸管触发电路"中增加了对 DJK02－2 挂件的介绍。

（2）在 2.4 节"实验安全操作规程"中增加了拆除连接导线的方法的介绍，增加了自耦变压器的原理及使用注意事项的介绍，并着重增加了双踪示波器的原理及使用注意事项的介绍。

根据实验过程中学生的需求，增加了 2.6 节"相控变流电路触发角 α 大小的判断方法"，详细介绍了在各种相控变流电路的实验中，如何通过示波器显示的波形判断触发角 α 的大小。

对 2.5 节"实验报告的书写要求"做了进一步的补充说明。

（3）仿真实验在电力电子技术的学习过程中有着非常重要的作用，基于仿真软件 MATLAB 版本的不断更新，在第五章的"MATLAB 仿真实例"中以 MATLAB 2014a 版本取代第一版中的 MATLAB 2009a 版本，介绍了 MATLAB 2014a 版本的使用方法，并将仿真实例由简单的单相半波可控整流改为较复杂的三相半波可控整流，仿真内容较第一版更为丰富。

（4）附录 B 中示波器的内容根据更为先进的 SDS1102CNL 型数字示波器的情况进行了整体更新。

第一版的全体编写人员参加了第二版的编写。此外，汤波、舒筠佳两位老师提出了大量的修改意见和建议并参与了部分章节的编写；研究生吴承天完成了第 5 章 MATLAB 仿真软件的内容更新以及相应的仿真实验，并完成了附录 B 数字示波器的介绍及使用方法的内容更新。

再次恳请读者在使用的过程中提出宝贵意见，以便本书的进一步完善。

编　者

2017 年 3 月于上海电力学院

第一版前言

电力电子技术是利用电力电子器件对电能进行控制和变换的技术。在用户终端使用的电能中，将有 90% 以上至少经过一次电力电子变流装置的变换和处理，电力电子技术已经渗透到电能生产、传输、使用的各个环节。

电力电子技术在电气类专业及其他相近专业研究生和本科学生知识结构中占据重要位置，是一门重要的专业基础课，电力电子技术实验是电力电子技术课程教学的重要组成部分。

通过电力电子技术实验课程的训练，可使学生充分理解并掌握电力电子变流装置的组成、各组成部分的作用、变流电路正常工作的条件，充分理解并掌握控制电路与主电路之间的同步问题；掌握电力电子变流装置主电路、控制驱动电路的连接方法，巩固常用电子测量仪器仪表的使用方法，掌握电路测量、故障分析与排除的方法。通过各种实验的操作和观察，可以培养学生严肃认真的科学态度、踏实细致的实验作风，培养学生利用基本理论独立分析问题、解决问题的能力。

《电力电子技术实验指导书》编写了 17 个实验，其中包括 9 个基本变流实验、1 个器件特性及其驱动与保护电路实验、2 个软开关技术和开关稳压电源的性能研究实验、5 个综合性、设计性实验。这些实验涵盖了四种基本变流形式，反映了 PWM 控制技术的应用，也反映了电力电子新技术，以及电力电子技术的应用。

综合性、设计性实验具有一定的深度和难度，需要学生对实验装置的性能、特点做充分的测试、研究，对电力电子变流装置的各个部分做深入的研究，反复试验，才可以得出一定的实验结果。这些实验特别适合于作为研究生的课内实验，也适合于作为本科生和专科生的实训课程项目。在做综合性实验的过程中会出现许多问题，有的问题非常典型，它们反映了电力电子技术及实验技术中的重要概念。

本书第 5 章、第 6 章的仿真实例，分别以单相和三相半波可控整流电路为载体，说明基于 MATLAB 以及 OrCAD PSpice 的图形化的电力电子仿真技术的基本步骤和基本方法，使学生尽快地入门，做电力电子技术的仿真实验。

附录 B 的 DS1062E–EDU 数字示波器使用说明，则为实验者尽快掌握数字示波器的使用方法提供了条件。

本书是我校在多年的电力电子技术实验教学中逐渐积累形成的，吸收了多项实验教改的成果。由王鲁杨任主编并负责全书的统稿，王禾兴任副主编，王育飞、袁淑娟、高小飞参加了编写。研究生张峰、刘露分别编写了附录 B 和第 6 章的初稿。天津大学的王萍教授为本书的主审，在此特别表示感谢。

限于编者水平，书中可能存在疏漏和错误，恳请读者提出宝贵意见，以便修改。

编　者

2010 年 12 月于上海电力学院

目　录

第 1 章 电力电子技术实验装置简介

1.1 概 述

DJDK-1 型电力电子技术实验装置的外形，如图 1-1 所示。该实验装置配合示波器、万用表等电子仪器，可完成本实验指导书安排的所有基本实验、综合性实验和设计性实验。

图 1-1 DJDK-1 型电力电子技术实验装置外形图

一、装置特点
（1）实验装置采用挂件结构，可根据不同实验内容进行自由组合。

（2）实验连接线采用强、弱电分开的手枪式插头，两者不能互插，避免强电接入弱电设备，造成弱电设备损坏。三种导线的插头如图 1-2 所示。电路连接方式安全、可靠、迅速、简便。除电源控制屏和挂件外，还设置有实验桌，桌面上可放置示波器、万用表等实验仪器，操作舒适、方便。实验台底部安装有轮子和不锈钢固定调节机构，便于移动和固定。

（3）控制屏供电采用三相隔离变压器隔离，设有电压型漏电保护装置和电流型漏电保护装置，切实有效地保护操作者的人身安全。

（4）挂件面板分为三种接线孔，强电、弱电及波形观测孔，如图 1-3 所示。图 1-3 方框中的接线孔用于主电路，三角框中的接线孔用于驱动电路，椭圆框中的接线孔用于控制电路。三者有明显的区别，不能互插。

二、技术参数
（1）输入电压：三相四线制 380V±10%，50±1Hz。

（2）工作环境温度范围：5~40℃，相对湿度<75%，海拔 1000m。

（3）装置容量：≤1.5kVA。

（4）外形尺寸：长×宽×高＝1870mm×730mm×1600mm。

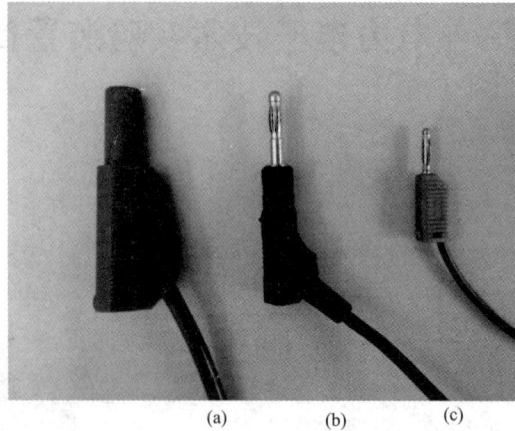

图1-2　三种导线的插头
（a）主电路用导线及插头；（b）驱动电路用导线插头；（c）控制电路用导线插头

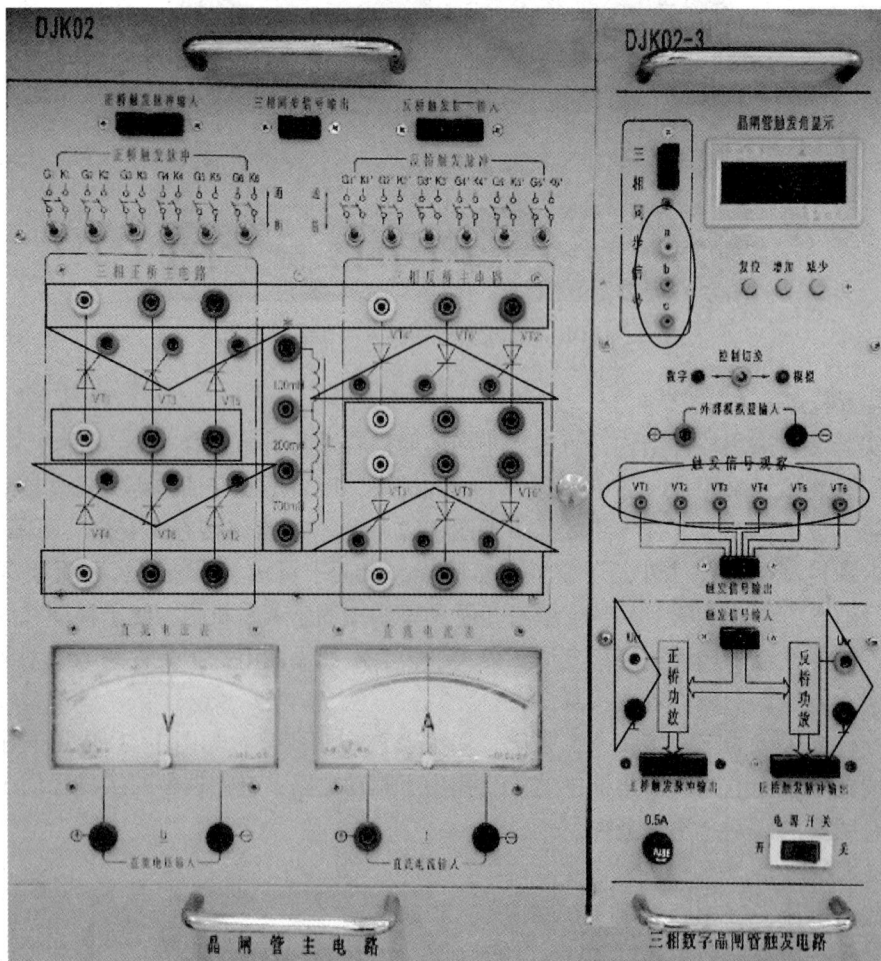

图1-3　DJDK-1型电力电子技术实验装置的三种接线孔

1.2　电源控制屏介绍及操作说明

电源控制屏 DJK01 的面板如图 1-4 所示。它主要为电力电子技术实验提供各种电源，如三相交流电源、直流励磁电源等；同时为实验提供所需的仪表，如直流电压、电流表，交流电压、电流表；屏上设有定时器兼报警记录仪，供教师考核学生实验之用。在控制屏正面的大凹槽内，设有两根不锈钢管，可挂置实验所需挂件，凹槽底部设有 12、10、4、3 芯等插座，从这些插座提供有源挂件的电源；在控制屏两侧设有单相三极 220V 电源插座及三相四极 380V 电源插座，此外还设有供实验台照明用的 40W 日光灯。

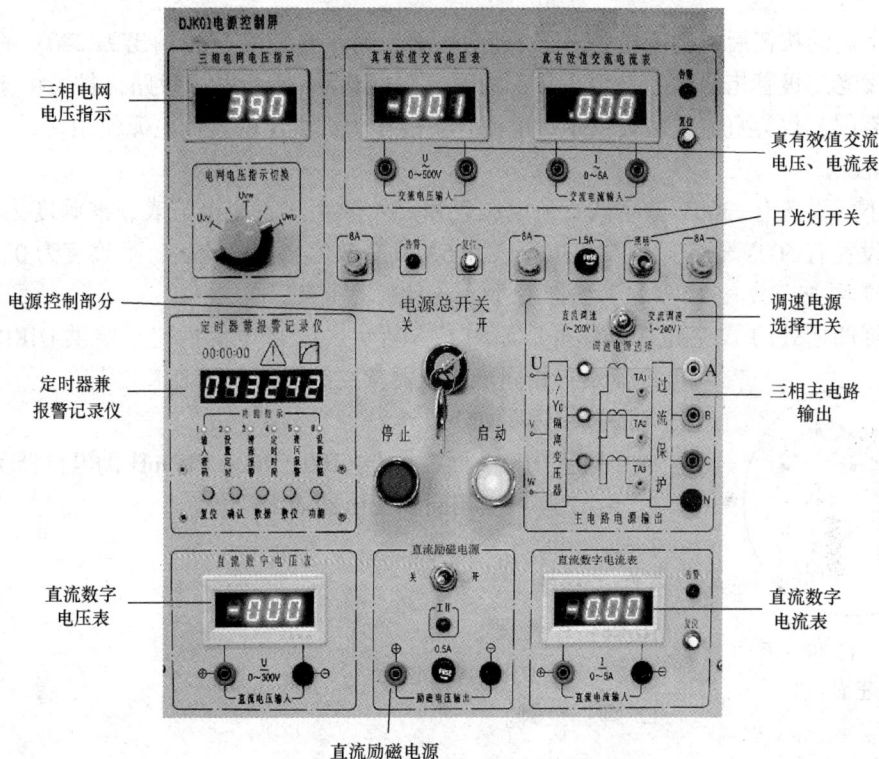

图 1-4　电源控制屏 DJK01 的面板

1. 三相电网电压指示

三相电网电压指示主要用于检测输入的电网电压是否有缺相的情况。操作三相电网电压指示下面的切换开关，可观测三相电网各线间电压是否平衡。

2. 定时器兼报警记录仪

定时器兼报警记录仪平时作为时钟使用，具有设定实验时间、定时报警和切断电源等功能；它还可以自动记录由于接线操作错误所导致的告警次数。

3. 电源控制部分

电源控制部分用于控制电源控制屏的各项功能，它由电源总开关、启动按钮及停止按钮组成。当打开电源总开关时，红灯亮；当按下启动按钮后，红灯灭，绿灯亮，此时控制屏的三相主电路及励磁电源都有电压输出。

4. 三相主电路输出

三相主电路输出可提供三相交流 200V/3A 或 240V/3A 电源。输出的电压大小由"调速电源选择开关"控制，当开关置于"直流调速"侧时，A、B、C 输出线电压为 200V，可完成电力电子实验以及直流调速实验；当开关置于"交流调速"侧时，A、B、C 输出线电压为 240V，可完成交流电机调压调速及串级调速等实验。在 A、B、C 三相电源输出附近装有黄、绿、红发光二极管，用以指示输出电压。同时在主电源输出回路中还装有电流互感器，可测定主电源输出电流的大小，供电流反馈和过流保护使用。面板上的 TA1、TA2、TA3 三处观测点用于观测三路电流互感器输出电流信号。

5. 直流励磁电源

在按下启动按钮后将励磁电源开关拨向"开"侧，则励磁电源输出为 220V 的直流电压，并有发光二极管指示输出是否正常，励磁电源由 0.5A 熔断器做短路保护。由于励磁电源的容量有限，仅为直流电机提供励磁电流，不能作为大容量的直流电源使用。

6. 面板仪表

面板下部设置有 ±300V 数字式直流电压表和 ±5A 数字式直流电流表，准确度为 0.5 级；面板上部设置有 500V 真有效值交流电压表和 5A 真有效值交流电流表，准确度为 0.5 级。

7. 控制屏凹槽处的 12 芯电源插座外形及各针脚的定义

控制屏凹槽处的 12 芯电源插座外形如图 1-5 所示。12 芯电源插座主要供 DJK02 使用，将电抗器及三相同步变压器从控制屏输出到 DJK02 挂件上。

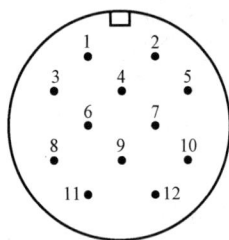

图 1-5　12 芯电源
插座正面外形

各脚接线说明如下：

1~4 脚：DJK02 面板上 0、100、200、700mH 的电抗器引出端。

5、6、7 脚：三相同步变压器输出端。

8 脚：相线。

9 脚：地线。

10 脚：中性线。

11 脚：与 DJK04 共地线。

12 脚：空脚。

1.3　DJK02 挂件（三相变流桥路）

DJK02 挂件装有 12 只晶闸管、直流电压表、直流电流表等，其面板如图 1-6 所示。其中有三相同步信号输出端、正反桥触发脉冲输入端、正反桥触发信号开关、正反桥主电路、电抗器、直流电压表及直流电流表等，介绍如下。

1. 三相同步信号输出端

同步信号是从电源控制屏内获得，屏内装有 △/Y 接法的三相同步变压器，与主电源输出保持同相，其输出相电压幅度为 15V 左右，供三相晶闸管触发电路（如 DJK02-3 等挂件）使用，从而产生移相触发脉冲。只要将本挂件的 12 芯插头与屏相连接，则三相同步信号输出端输出相位与主电源输出——对应的三相同步电压信号。

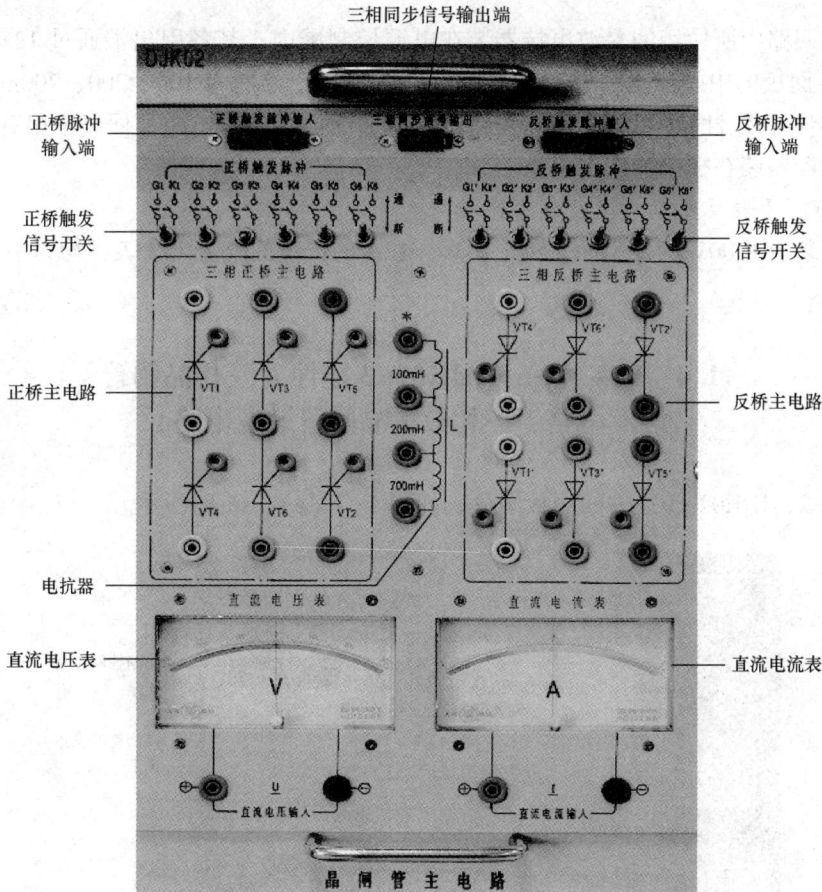

图 1-6　DJK02 挂件面板图

2. 正、反桥脉冲输入端

从三相晶闸管触发电路（如 DJK02-3 等挂件）来的正、反桥触发脉冲分别通过正、反桥脉冲输入端，加到相应的晶闸管电路上。

3. 正、反桥触发信号开关

从正、反桥脉冲输入端来的触发脉冲信号通过"正、反桥触发信号开关"接至相应晶闸管的门极和阴极。面板上共设有 12 个触发信号开关，分为正、反桥两组，分别控制对应的晶闸管的触发脉冲：开关打到"通"侧，触发脉冲接到晶闸管的门极和阴极；开关打到"断"侧，触发脉冲被切断。通过关闭某几个触发信号开关可以模拟晶闸管主电路失去触发脉冲的故障情况。

4. 正、反桥主电路

正桥主电路和反桥主电路分别由 6 只 5A/1000V 晶闸管组成，其中由 VT1 ~ VT6 组成三相正桥元件（一般不可逆、可逆系统的正桥使用正桥元件），由 VT1′ ~ VT6′组成三相反桥元件（可逆系统的反桥以及需单个或几个晶闸管的实验可使用反桥元件）。所有这些晶闸管元件均配置有阻容吸收及快速熔断器保护，此外正桥主电路还设有压敏电阻，其内部已经接成三角形接法，起过压吸收作用。

5. 电抗器

实验主回路中所使用的平波电抗器装在电源控制屏内，其各引出端通过 12 芯的插座连接到 DJK02 面板的中间位置，有 3 挡电感量可供选择，分别为 100、200、700mH（各挡在 1A 电流下能保持线性），可根据实验需要选择合适的电感值。电抗器回路中串有 3A 熔断器保护，熔断器座装在控制屏内的电抗器旁。

6. 直流电压表及直流电流表

面板上装有 ±300V 的带镜面直流电压表、12A 的带镜面直流电流表，均为中零式，准确度为 1.0 级。

1.4　DJK02-2、DJK02-3 挂件（三相晶闸管触发电路、三相数字晶闸管触发电路）

DJK02-2、DJK02-3 挂件的面板图分别如图 1-7（a）、（b）所示。

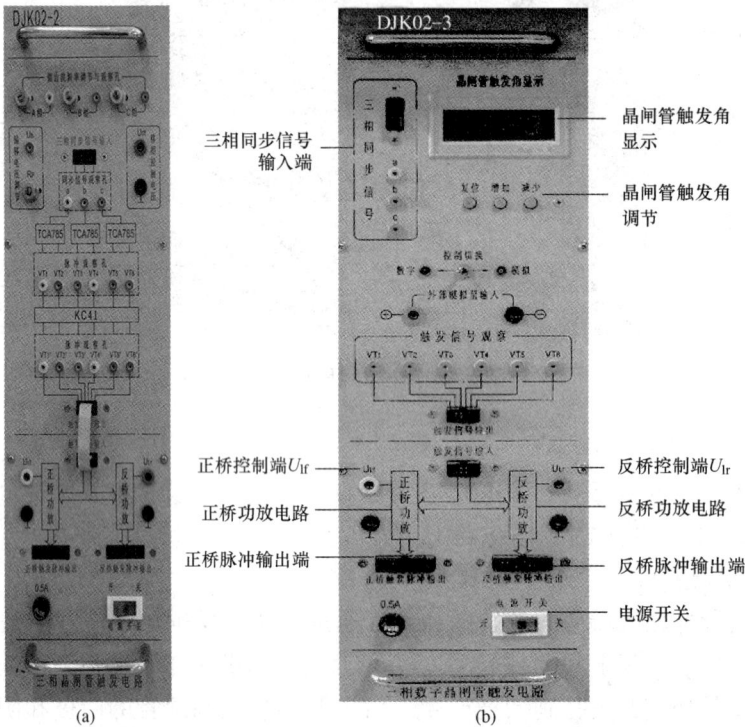

图 1-7　DJK02-2、DJK02-3 挂件面板图
（a）DJK02-2 挂件面板图；（b）DJK02-3 挂件面板图

DJK02-3 挂件有晶闸管触发角显示、晶闸管触发角调节按钮、三相同步信号输入端、正及反桥功放电路、正桥控制端及反桥控制端、正及反桥脉冲输出端等，介绍如下。

1. 晶闸管触发角显示

DJK02-3 由液晶显示器显示晶闸管触发角的数值。按下晶闸管触发角调节按钮，可调节触发角的大小，每按一次调节量为 1°。触发角的调节范围为 0°~160°。

2. 三相同步信号输入端

通过专用的 10 芯扁平线将 DJK02 上的"三相同步信号输出端"与 DJK02-3"三相同步信号输入端"连接，为其内部的触发电路提供同步信号；同步信号也可以从其他地方提供，但要注意同步信号的幅度和相序问题。

3. 正、反桥功放电路

正、反桥功放电路的原理以正桥的一路为例，如图 1-8 所示。由晶闸管触发电路输出的脉冲信号经功放电路中的 VT1、VT2 三极管放大后由脉冲变压器 T1 输出。U_{lf} 即为 DJK02-3 面板上的 U_{lf}，该点接地才可使 VT2 工作，脉冲变压器输出脉冲。正桥共有 6 路功放电路，6 路电路完全一致；除控制端不同外（将 U_{lf} 改为 U_{lr}），反桥功放和正桥功放线路完全一致。

4. 正桥控制端 U_{lf} 及反桥控制端 U_{lr}

这两个端子用于控制正反桥功放电路的工作与否。当端子与地短接，表示功放电路工作，触发电路产生的脉冲经功放电路最终输出；当端子悬空表示功放不工作；U_{lf} 端子控制正桥功放，U_{lr} 端子控制反桥功放。

5. 正、反桥脉冲输出端

经功放电路放大的触发脉冲，通过专用的 20 芯扁平线将 DJK02-3 上的"正（反）桥脉冲输出端"连接至 DJK02 上的"正（反）桥脉冲输入端"，为晶闸管提供相应的触发脉冲。

图 1-8 正桥功放电路原理图

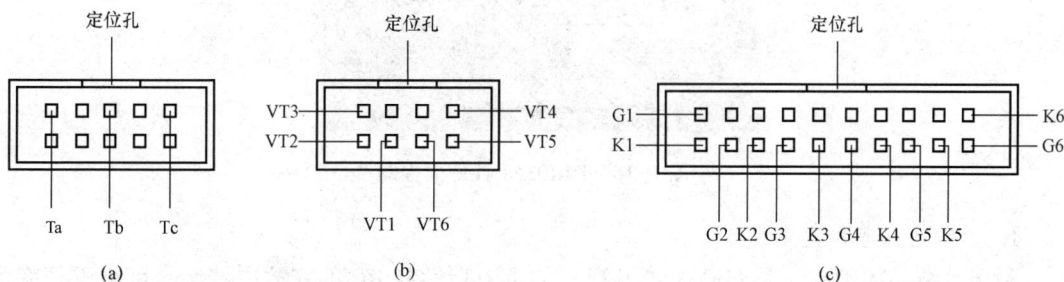

6. 专用 10、8、20 芯扁平线插座使用说明

专用 10、8、20 芯扁平线插座正面接线示意图如图 1-9 所示。

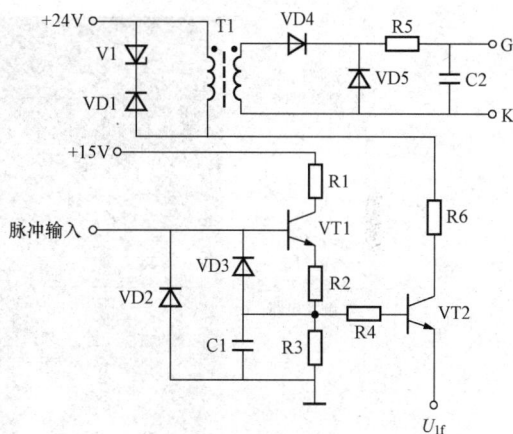

图 1-9 专用 10、8、20 芯扁平线插座正面接线示意图
(a) 10 芯；(b) 8 芯；(c) 20 芯

图 1-9（a）中的 Ta、Tb、Tc 为三相电源电压的同步信号，同步信号从 DJK02 的 12 芯航空插座得到，通过 10 芯插座在面板上输出。

DJK02-3 面板上的 10 芯插座为同步电压输入端，将三相同步信号输送到 DJK02-3 内部的触发电路。

图 1-9（b）中的 VT1~VT6 为触发电路产生的 6 路触发脉冲，通过 8 芯的插座传送到

功放电路的输入端。

图 1-9（c）中的 G1、K1～G6、K6 对应于 DJK02 挂件主电路晶闸管 VT1～VT6 的触发脉冲。

1.5　DJK03-1 挂件（晶闸管触发电路）

DJK03-1 挂件是晶闸管触发电路专用实验挂件，面板如图 1-10 所示。其中包括单结晶体管触发电路、正弦波同步移相触发电路、锯齿波同步移相触发电路Ⅰ和Ⅱ，以及单相交流调压触发电路和西门子 TCA785 集成触发电路。

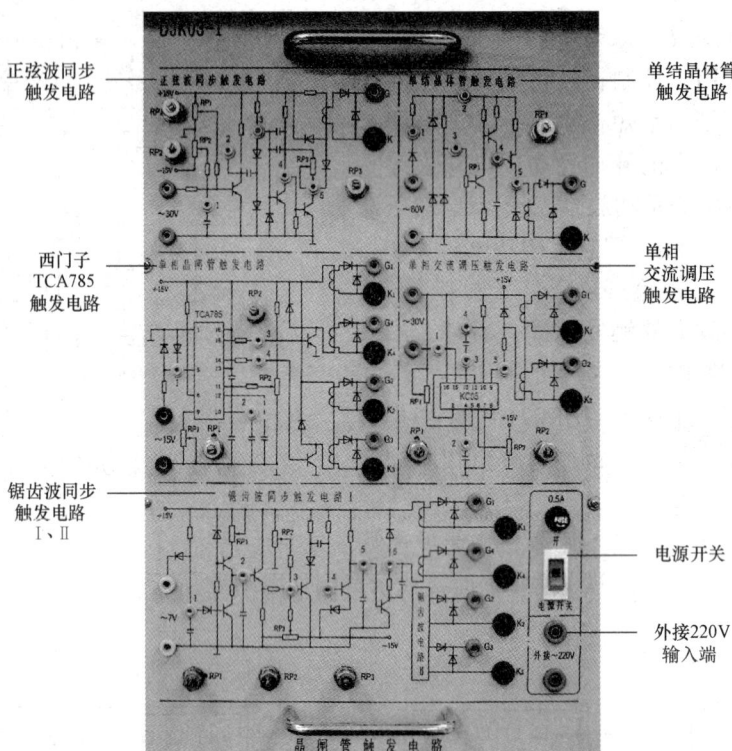

图 1-10　DJK03-1 挂件面板图

1. 单结晶体管触发电路

利用单结晶体管（又称双基极二极管）的负阻特性和 RC 的充放电特性，可组成频率可调的自激振荡电路，如图 1-11 所示。图中，VT3 为单结晶体管，其常用的型号有 BT33 和 BT35 两种；等效电阻 VT2 和 C1 组成 RC 充电回路；C1、VT3、脉冲变压器组成电容放电回路；调节电位器 RP1 即可改变 C1 充电回路中的等效电阻。

单结晶体管触发电路的工作原理简述如下：

由同步变压器二次侧输出 60V 的交流同步电压，经 VD1 半波整流，再由稳压管 V1、V2 进行削波，从而得到梯形波电压，其过零点与电源电压的过零点同步，梯形波通过 R7 及等效可变电阻 VT2 向电容 C1 充电，当充电电压达到单结晶体管的峰值电压 U_p 时，单结晶体

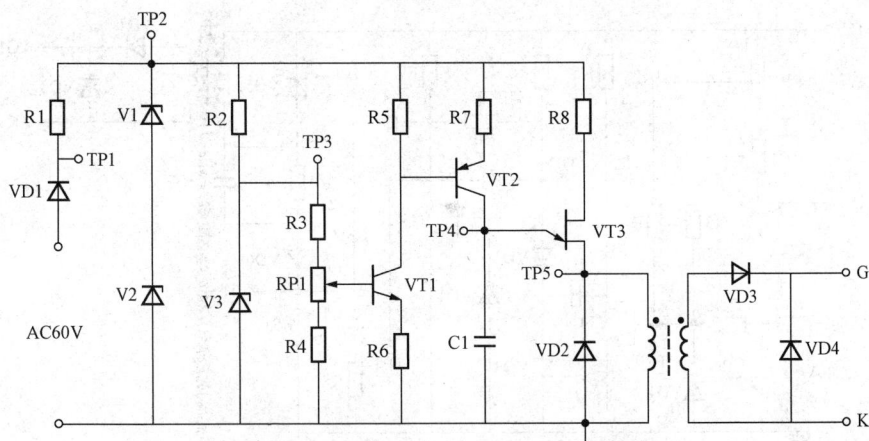

图 1-11　单结晶体管触发电路原理图

管 VT3 导通，电容通过脉冲变压器一次绕组放电，脉冲变压器二次绕组输出脉冲。同时，由于放电时间常数很小，C1 两端的电压很快下降到单结晶体管的谷点电压 U_V，使 VT3 关断，C1 再次充电，周而复始，在电容 C1 两端呈现锯齿波形，在脉冲变压器二次绕组输出尖脉冲。在一个梯形波周期内，VT3 可能导通、关断多次，但只有输出的第一个触发脉冲对晶闸管的触发时刻起作用。充电时间常数由电容 C1 和等效电阻等决定，调节 RP1 改变 C1 的充电的时间，控制第一个尖脉冲的出现时刻，实现脉冲的移相控制。单结晶体管触发电路的各点波形如图 1-12 所示。

电位器 RP1 已装在面板上，同步信号已在内部接好，所有的测试信号都在面板上引出。

2. 正弦波同步移相触发电路

正弦波同步移相触发电路由同步移相、脉冲放大等环节组成，其原理图如图 1-13 所示。

同步信号由同步变压器二次绕组提供，三极管 VT1 左边部分为同步移相环节，在 VT1 的基极综合了同步信号电压 U_r，偏移电压 U_b 及控制电压 U_{ct}（RP1 电位器调节 U_{ct}，RP2 调节 U_b）。调节 RP1 及 RP2 均可改变 VT1 三极管的翻转时刻，从而控制触发角的位置。脉冲形成整形环节是一分立元件的集基耦合单稳态脉冲电路，VT2 的集电极耦合到 VT3 的基极，VT3 的集电极通过 C4、RP3 耦合到 VT2 的基极。正弦波同步移相触发电路的工作原理简述如下：

当 VT1 未导通时，R6 供给 VT2 足够的基极电流使之饱和导通，VT3 截止。电源电压通过 T1、R9、VD6、VT2 对 C4 充电至 15V 左右，极性为左负右正。

当 VT1 导通的时候，VT1 的集电极从高电位翻转为低电位，VT2 截止，VT3 导通，脉冲变压器输出脉冲。

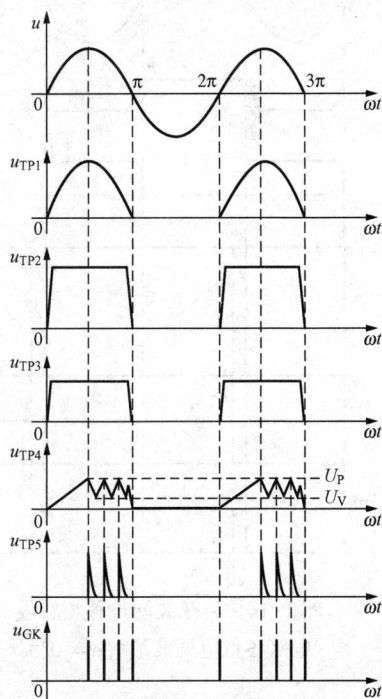

图 1-12　单结晶体管触发电路
各点的电压波形（$\alpha = 90°$）

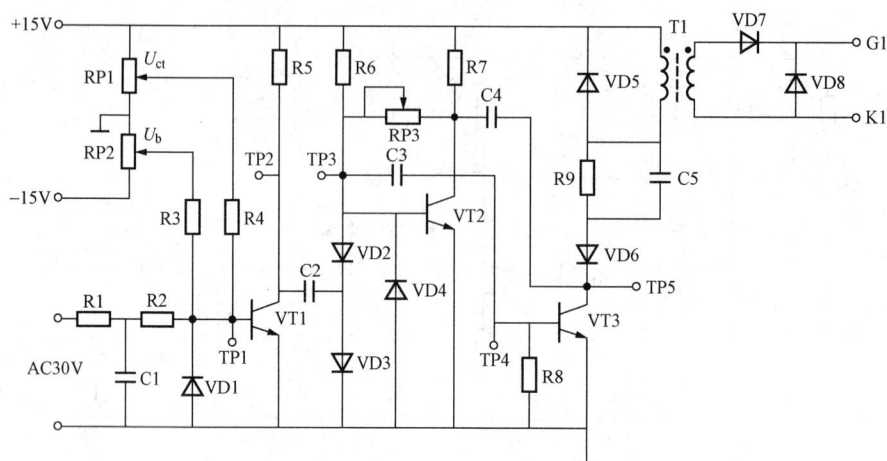

图 1-13　正弦波同步移相触发电路原理图

由于设置了 C4、RP3 阻容正反馈电路，使 VT3 加速导通，提高输出脉冲的前沿陡度。同时 VT3 导通经正反馈耦合，VT2 的基极保持低电压，VT2 维持截止状态，电容通过 RP3、VT3 放电到零，再反向上升 0.7V 的时间由其充放电时间常数所决定，改变 RP3 的阻值就改变了其时间常数，也就改变了输出脉冲的宽度。

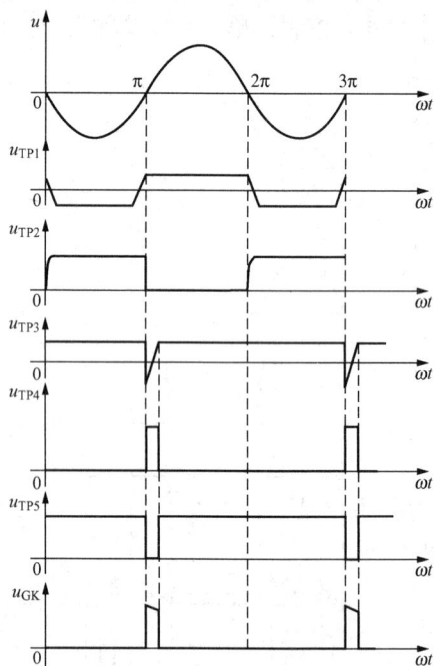

图 1-14　正弦波同步移相触发
电路各点电压波形（α = 0°）

正弦波同步移相触发电路的各点电压波形如图 1-14 所示。电位器 RP1、RP2、RP3 均已安装在面板上，同步变压器二次绕组已在内部接好，所有的测试信号都在面板上引出。

3. 锯齿波同步移相触发电路 I 、II

锯齿波同步移相触发电路 I 由同步检测、锯齿波形成、移相控制、脉冲形成、脉冲放大等环节组成，其原理图如图 1-15 所示。

由 VT3、VD1、VD2、C1 等元件组成同步检测环节，其作用是利用同步电压 U_T 来控制锯齿波产生的时刻及锯齿波的宽度。由 V1、VT2 等元件组成的恒流源电路，当 VT3 截止时，恒流源对 C2 充电形成锯齿波；当 VT3 导通时，电容 C2 通过 R4、VT3 放电。调节电位器 RP1 可以调节恒流源的电流大小，从而改变了锯齿波的斜率。控制电压 U_{ct}、偏移电压 U_b 和锯齿波电压在 VT5 基极综合叠加，从而构成移相控制环节，RP2、RP3 分别调节控制电压 U_{ct} 和偏移电压 U_b 的大小。VT6、VT7 构成脉冲形成放大环节，C5 为强触发电容改善脉冲的前沿，由脉冲变压器输出触发脉冲，电路的各点电压波形如图 1-16 所示。

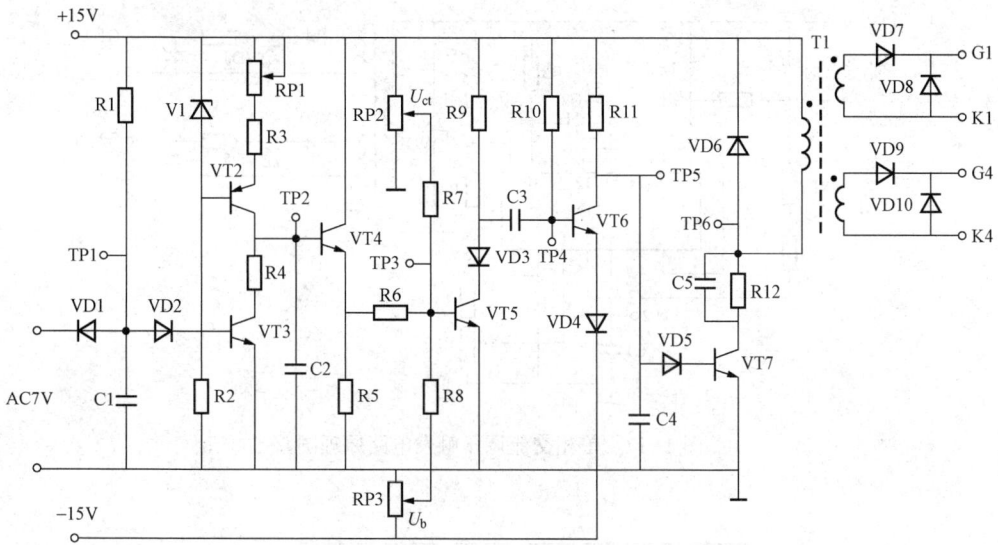

图 1-15　锯齿波同步移相触发电路 I 原理图

本装置有两路锯齿波同步移相触发电路 I 和 II，在电路上完全一样，只是锯齿波触发电路 II 输出的触发脉冲相位与 I 恰好互差 180°，供单相整流及逆变实验用。

电位器 RP1、RP2、RP3 均已安装在挂件的面板上，同步变压器二次绕组已在挂件内部接好，所有的测试信号都在面板上引出。

4. 单相交流调压触发电路

单相交流调压触发电路采用 KC05 集成晶闸管移相触发器，其原理图如图 1-17 所示。

5. 西门子 TCA785 触发电路

教科书上讲述的晶闸管集成触发电路，如 KC04、KC05 等，在目前工业现场已很少使用。

工业现场正在使用的新型晶闸管集成触发电路，主要有西门子 TCA785，与 KC04 等相比其对零点的识别更加可靠，输出脉冲的齐整度更好，移相范围更宽；同时输出脉冲的宽度可人为自由调节。

西门子 TCA785 锯齿波移相触发电路原理图如图 1-18 所示。

锯齿波斜率由电位器 RP1 调节，RP2 电位器调节晶闸管的触发角。

电位器 RP1、RP2 已安装在挂件的面板上，所有的测试信号都在面板上引出。

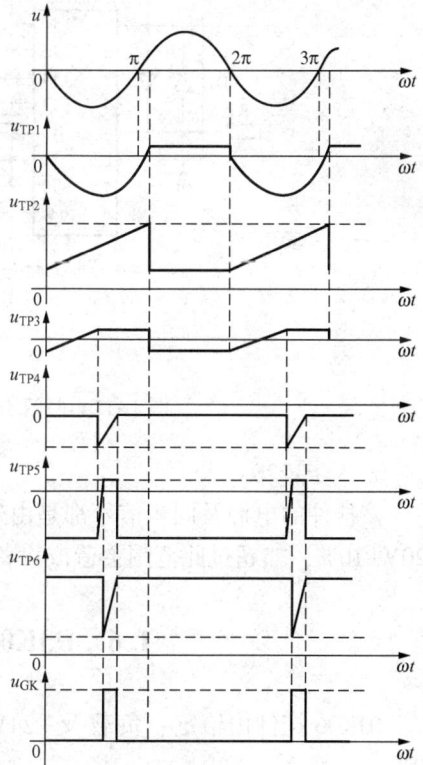

图 1-16　锯齿波同步移相触发电路 I 各点电压波形（$\alpha = 90°$）

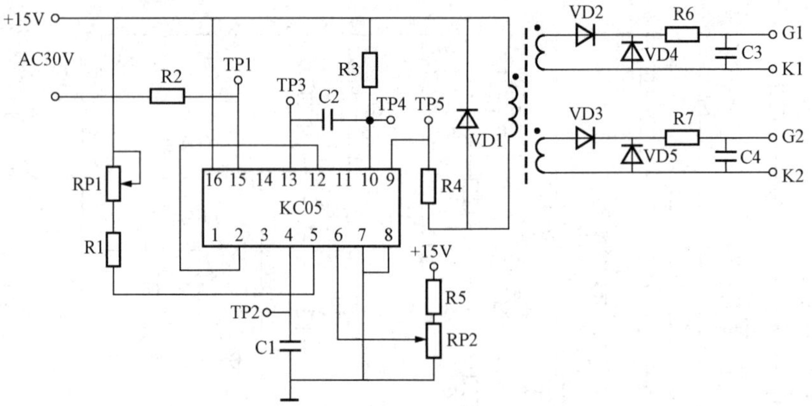

图 1-17　单相交流调压触发电路原理图

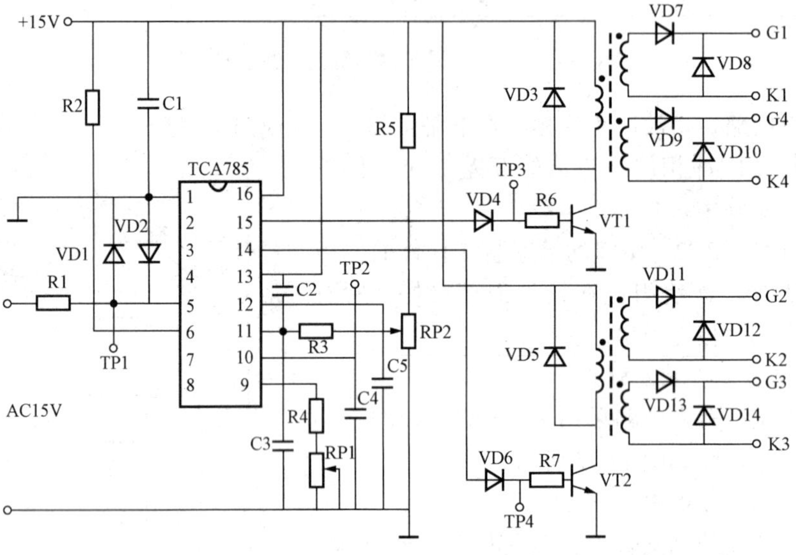

图 1-18　西门子 TCA785 锯齿波移相触发电路原理图

6. 外接 220V

该挂件的电源及同步信号都是由外接 220V 输入端提供的，应注意的是输入电压范围为 220V±10%，如超过此范围会造成设备严重损坏。

1.6　DJK06 挂件（给定及实验器件）

DJK06 挂件由给定、负载及 +24V 直流电源等组成，其面板图如图 1-19 所示，介绍如下。

1. 负载灯泡

负载灯泡作为电力电子实验中的电阻性负载。

2．给定

给定作为新器件特性实验中的给定电平触发信号，输出电压范围为−15~0~+15V。

3．二极管

4 只二极管可作为普通的整流二极管，也可用作为晶闸管实验带电感性负载时所需续流二极管。在回路中有一个开关对其进行通断控制。

注意：由于该二极管工作频率不高，不能将其当作快速恢复二极管使用。

二极管规格为：耐压 800V，最大电流 3A。

4．压敏电阻

三个压敏电阻（规格为：3kA/510V）用于三相反桥主电路（逻辑无环流直流调速系统）的电源输入端，作为过电压保护，内部已连成三角形接法。

1.7　DJK07A 挂件（IGBT 特性及驱动保护电路）

DJK07A 挂件由 IGBT（绝缘栅双极晶体管）、PWM 信号发生器、IGBT 驱动及保护电路、直流稳压电源等部分组成，可完成 IGBT 的特性实验，测定特性曲线；完成 IGBT 驱动及保护实验。其面板图如图 1-20 所示。

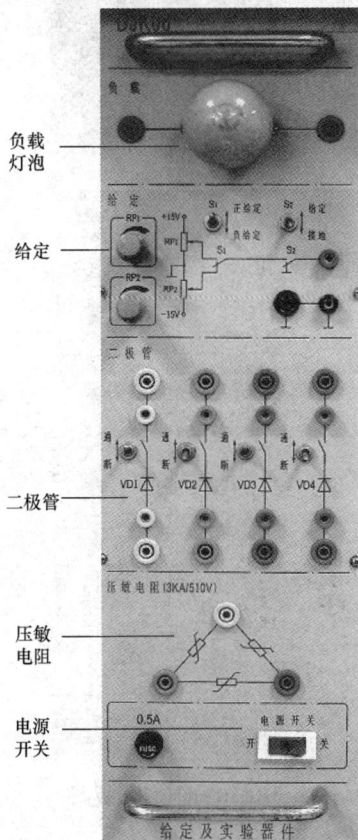

图 1-19　DJK06 挂件面板图　　　　图 1-20　DJK07A 挂件面板图

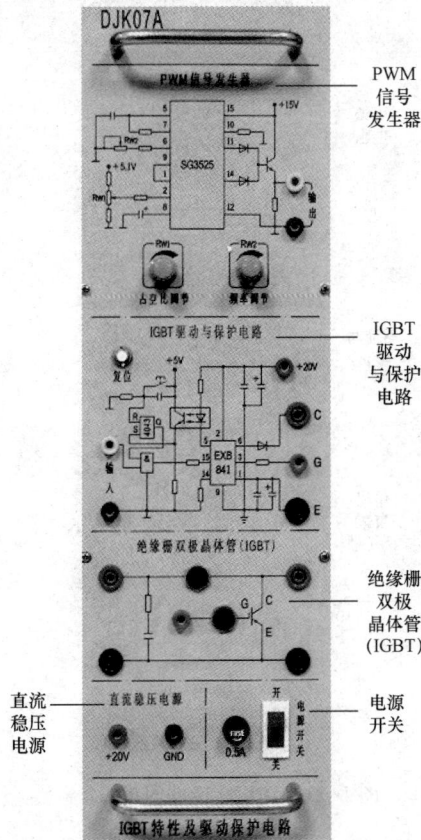

1.8　DJK09 挂件（单相调压与可调负载）

DJK09 挂件由可调电阻、整流与滤波、单相自耦调压器组成，其面板图如图 1-21 所示。

可调电阻由两个同轴 90Ω/1.3A 瓷盘电阻构成，通过旋转手柄调节电阻值的大小。单个电阻回路中有 1.5A 熔断器保护。

整流与滤波的作用是将交流电源通过二极管整流输出直流电源，供实验中直流电源使用，交流输入侧输入最大电压为 250V，有 2A 熔断器保护。

单相自耦调压器额定输入交流 220V，输出 0~250V 可调电压。

1.9　DJK10-1 挂件（变压器实验）

DJK10-1 挂件由三相芯式变压器以及三相不控整流桥组成，其面板图如图 1-22 所示。

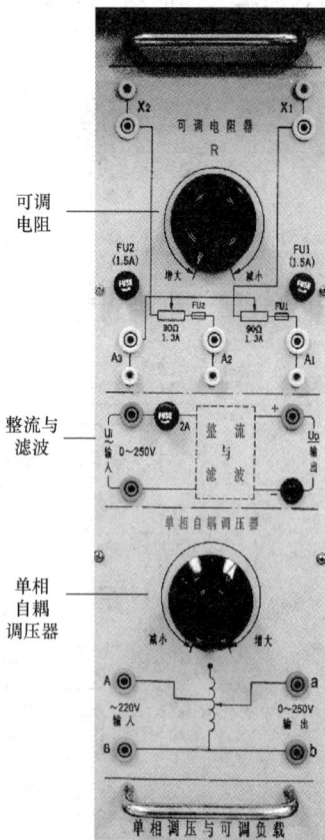

图 1-21　DJK09 挂件面板图　　　　图 1-22　DJK10-1 挂件面板图

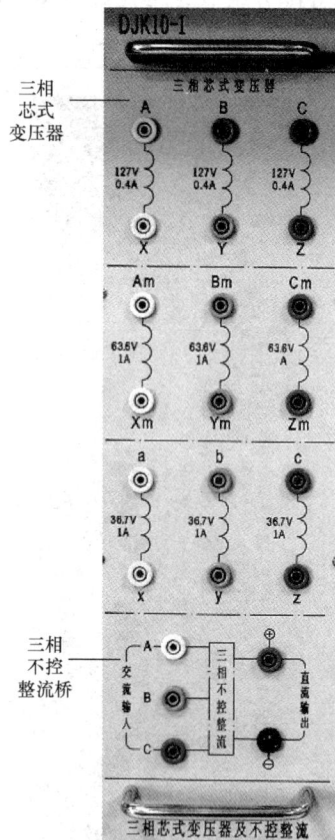

1. 三相芯式变压器

三相芯式变压器在三相桥式、三相半波、单相桥式有源逆变电路实验中作为逆变变压器使用。该变压器有两套二次绕组，一、二次绕组的相电压为 127/63.5/36.7V（如果采用丫/丫/丫接法，则线电压为 220/110/63.6V）。

2. 三相不控整流桥

由 6 只二极管组成桥式整流电路，最大电流为 3A；可用于三相桥式、三相半波、单相桥式有源逆变电路及直流斩波原理等实验中的高压直流电源。

1.10 DJK14 挂件（单相交直交变频原理）

DJK14 挂件主要完成单相交直交变频原理实验，其面板图如图 1-23 所示。

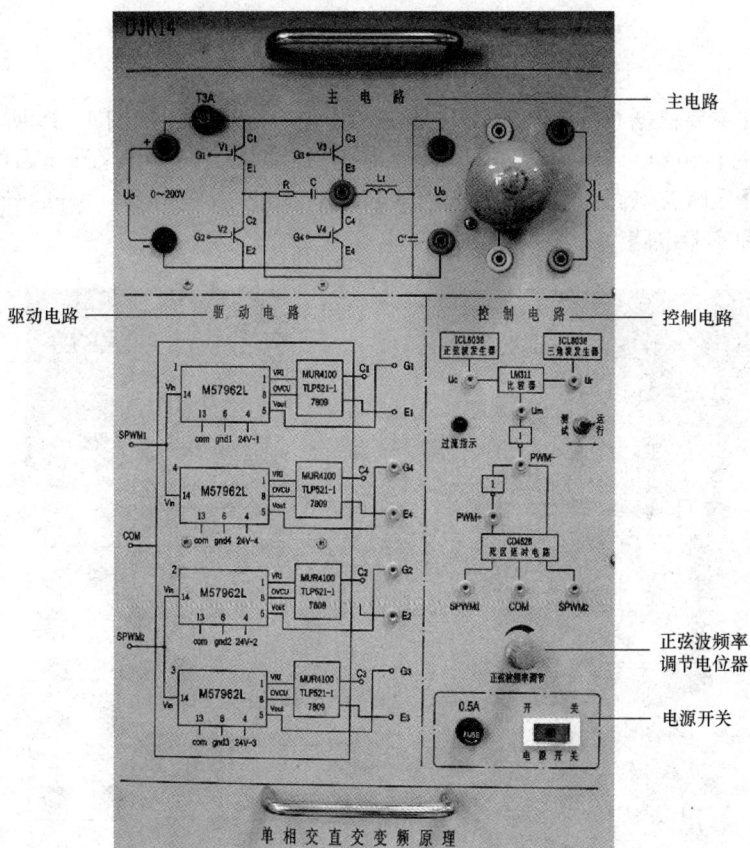

图 1-23 DJK14 挂件面板图

1. 主电路

主电路由 4 个 IGBT 及 LC 滤波电路组成，左侧为 0~200V 的直流电压输入，右侧输出经 LC 低通滤波后的正弦电压。

2. 驱动电路

驱动电路由 IGBT 专用驱动电路 M57962L 构成，具有驱动、隔离、保护等功能。

3. 控制电路

控制电路由两片 8038 及外围元器件等组成，其中一片 8038 产生一路锯齿波，另一片产生一路频率可调的正弦波。调节"正弦波频率调节电位器"可改变正弦波的频率。

为了能让使用者用普通示波器比较清晰地观测到 SPWM 信号，锯齿波的频率分为两挡，可通过钮子开关进行切换。当钮子开关拨到运行侧时，输出频率为 10kHz 左右，可减少输出谐波分量；当钮子开关拨到测试侧，输出频率为 400Hz 左右。

1.11　DJK19 挂件（半桥型开关稳压电源）

DJK19 挂件主要用于半桥型开关稳压电源的性能研究，操作说明详见半桥型开关稳压电源实验内容，其面板图如图 1-24 所示。

1.12　DJK20 挂件（直流斩波实验）

DJK20 挂件主要依据 6 种基本斩波电路进行设计，其面板图如图 1-25 所示。通过利用主电路元器件的自由组合，可构成降压斩波电路（Buck Chopper）、升压斩波电路（Boost Chopper）、升降压斩波电路（Boost-Buck Chopper）、Cuk 斩波电路、Sepic 斩波电路、Zeta 斩波电路共六种实验电路。

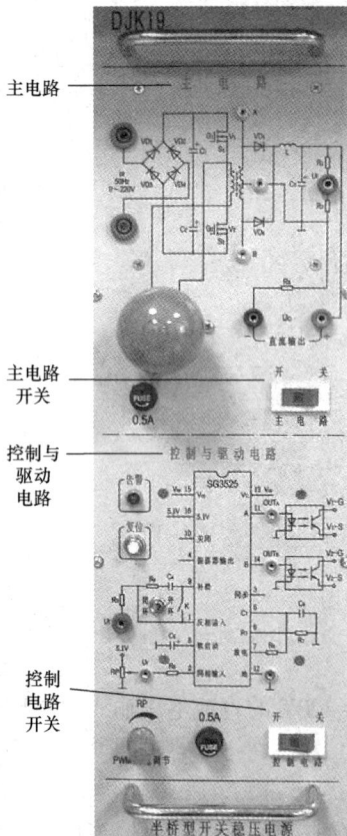

图 1-24　DJK19 挂件面板图　　　　　　　图 1-25　DJK20 挂件面板图

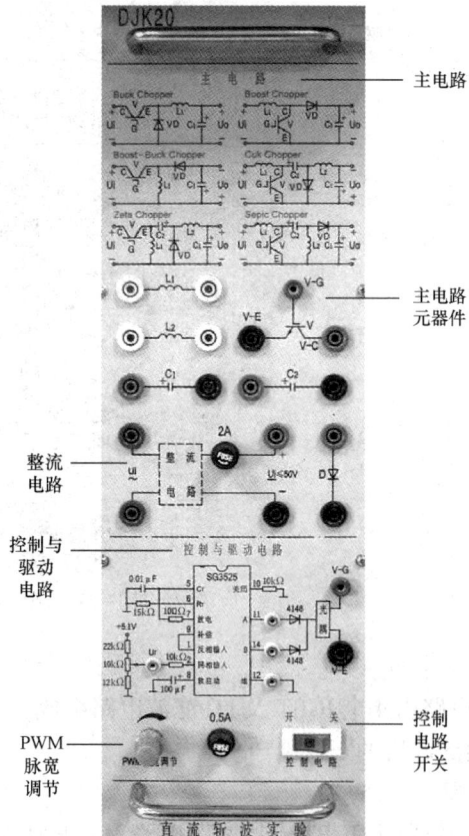

1. 主电路接线图

DJK20 挂件上有六种基本斩波电路的详细接线图，在实验过程中按元器件标号进行接线。

2. 主电路元器件

实验中所需的元器件，包括电容、电感、IGBT 等。

3. 整流电路

整流电路输入交流电源得到直流电源，要注意输出的直流电源不能超过 50V。直流侧有2A 熔断器保护。

4. 控制与驱动电路及脉宽调节电位器

控制电路以 SG3525 为核心构成。SG3525 为美国 Silicon General 公司生产的专用 PWM控制集成电路，其内部电路结构及各引脚功能如图 1-26 所示。它采用恒频脉宽调制控制方案，内部包含有精密基准源、锯齿波振荡器、误差放大器、比较器、分频器和保护电路等。调节 U_r 的大小，在 A、B 两端可输出两个幅度相等、频率相等、相位相差 180°、占空比可调的矩形波（即 PWM 信号）。它适用于各开关电源、斩波器的控制，详细的工作原理与性能指标可参阅附录 A。

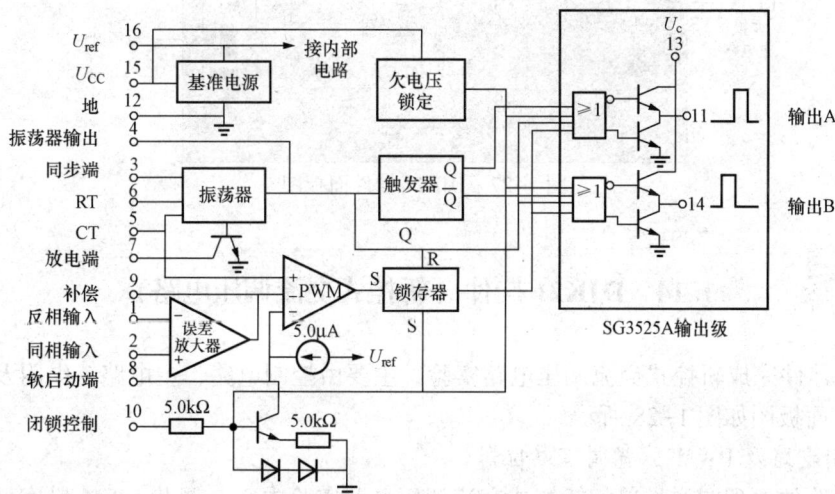

图 1-26　SG3525 芯片内部结构及各引脚功能图

调节"PWM 脉宽调节电位器"改变输出的触发信号脉宽。

1.13　DJK17 挂件（双闭环 H 桥 DC/DC 变换直流调速）

DJK17 挂件主要完成双闭环 H 桥 PWM 直流调速系统及 DC/DC 变换电路实验，主要由电流调节器、速度调节器、给定、转速反馈调节、电流反馈调节、零速封锁器、PWM 发生器、全桥 DC/DC 变换主电路等几部分组成，面板图如图 1-27 所示。

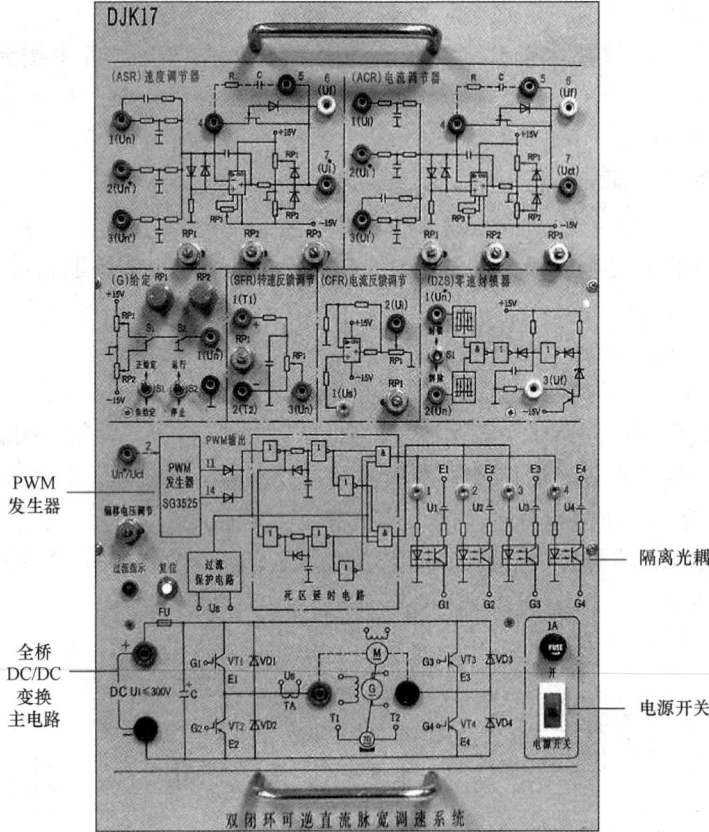

图 1-27　DJK17 挂件面板图

1.14　DJK21 挂件（斩控式交流调压电路）

DJK21 挂件完成斩控式交流调压电路实验，主要由控制电路、主电路、电阻及电感性负载等组成，面板图如图 1-28 所示。

1. 控制电路及 PWM 脉宽调节电位器

控制电路的原理图详见单相斩控式交流调压电路实验内容。调节 PWM 脉宽调节电位器可改变输出电压的有效值。

2. 主电路

主电路由 4 个 IGBT 等组成，电源输入由一开关控制，在触发电路正常工作前勿将开关接通，防止将功率器件损坏。

3. 负载

电阻及电感性负载供主电路输出使用，输出接灯泡为电阻性负载，灯泡和电感串联使用为电阻电感性负载。

1.15　DJK22 挂件（单相交流调压/调功电路）

DJK22 挂件完成单相交流调压和单相调功电路实验，面板如图 1-29 所示。

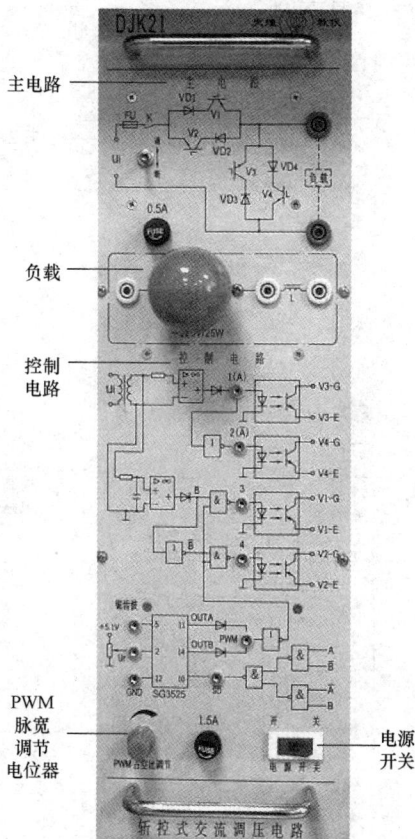

图 1-28 DJK21 挂件面板图

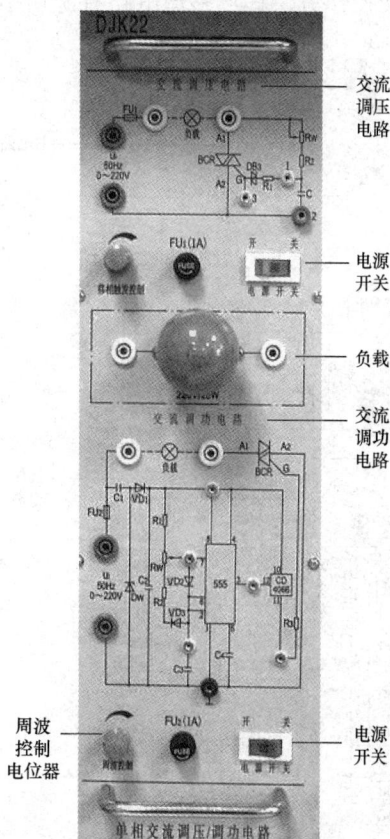

图 1-29 DJK22 挂件面板图

1. 交流调压电路

交流调压电路由双向触发二极管构成触发电路，触发双向晶闸管，触发角度由移相控制电位器控制。

2. 灯座

负载供交流调压电路及交流调功电路负载用。

3. 交流调功电路

电路由 555 时基电路构成触发电路，由周期电位器调节通过的正弦波个数，达到交流调功的目的。

1.16 DJK24 挂件（PS-ZVS-PWM 软开关技术）

DJK24 挂件完成 PS-ZVS-PWM 软开关技术实验，面板图如图 1-30 所示。DJK24 挂件的原理及操作方法详见 PS-ZVS- PWM 软开关技术实验有关内容。

1.17 DJK25 挂件（整流电路有源功率因数校正）

DJK25 挂件完成整流电路有源功率因数校正实验，面板图如图 1-31 所示。DJK25 挂件的原理及操作方法详见整流电路有源功率因数校正实验有关内容。

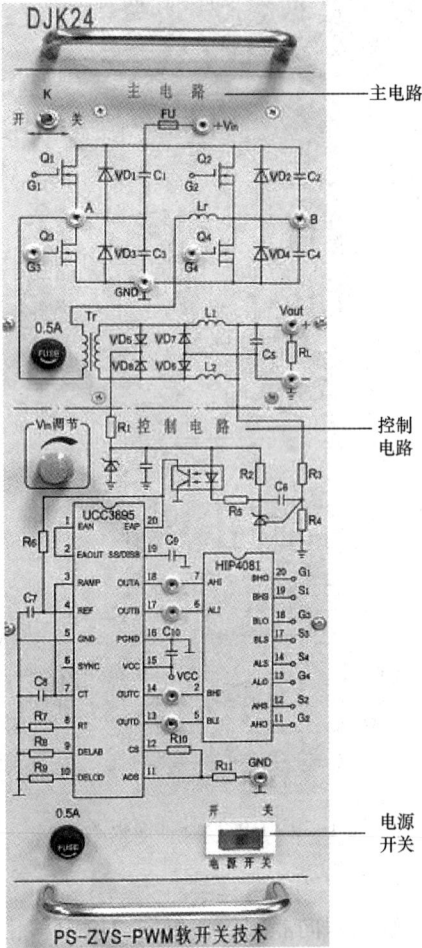

图 1-30　DJK24 挂件面板图

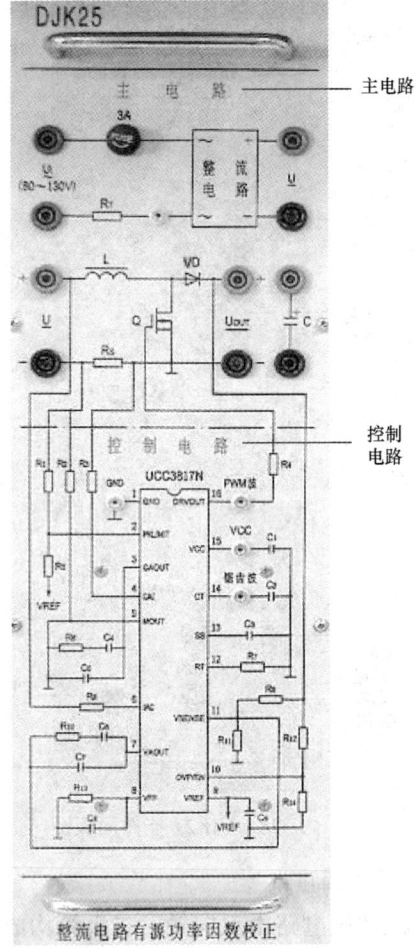

图 1-31　DJK25 挂件面板图

第2章　电力电子技术实验的基本要求和安全操作说明

电力电子技术是电气工程及其自动化、自动化、测控技术与仪器等专业的三大电子技术基础课程之一。该课程涉及面广，包括电力、电子、控制、计算机技术等内容，而实验环节是其重要组成部分。通过电力电子技术实验，可以加深对理论知识的理解，培养和提高学生独立动手能力和分析、解决问题能力。

2.1　实验的特点和要求

电力电子技术实验的内容较多、较新，实验系统也比较复杂，系统性较强。采用本书介绍的电力电子技术实验装置，可以完成单相、三相全控整流及有源逆变电路、各类触发电路、交流调压电路、直流斩波电路、自关断电力电子器件的驱动与保护电路、单相正弦波脉宽调制（SPWM）逆变、半桥型开关稳压电源等基础实验，以及整流电路功率因数校正电路研究、多重化整流电路、电力电子变流实验输出异常分析、DJK02-3 为单相桥式变流电路提供触发脉冲的可行性研究、带电流双象限电路的在线式 UPS 系统设计等综合性、设计性实验。

电力电子技术实验是理论教学的重要补充和延续，而理论教学则是实验教学的基础。在实验中应学会运用所学的理论知识去分析和解决实际系统中出现的各种问题，提高动手能力；同时通过实验来验证理论，促使理论和实践相结合，使认识不断提高、深化。具体地说，学生在完成指定的实验后，应具备以下能力：

（1）掌握电力电子变流装置主电路、触发电路或驱动电路的构成及调试方法，能初步设计和应用这些电路；

（2）熟悉并掌握基本实验设备、测试仪器的性能及使用方法；

（3）能够运用理论知识对实验现象、结果进行分析和处理，解决实验中遇到的问题；

（4）能够综合实验数据，解释实验现象，编写实验报告。

2.2　实 验 前 的 准 备

实验准备即为实验的预习阶段，是保证实验顺利进行的必要步骤。每次实验前都应先进行预习，从而提高实验质量和效率，否则就有可能在实验时不知从何入手，浪费时间，完不成实验要求，甚至可能损坏实验装置。因此，实验前应做好以下准备工作：

（1）复习教材中与实验有关的内容，熟悉与本次实验相关的理论知识。

（2）阅读本教材中的实验指导，了解本次实验的目的和内容；对照第 1 章的内容，掌握本次实验所使用的各挂件的基本情况；掌握本次实验系统的工作原理和方法；明确实验过程中应注意的问题。

（3）写出预习报告，其中应包括实验系统的详细接线图、实验步骤、数据记录表格等。

进入实验室后，要求在开始实验前上交预习报告。上交预习报告的同学方有实验资格。

2.3　实　验　实　施

在完成理论学习、实验预习等环节后，就可进入实验实施阶段。实验时要做到以下几点。

（1）实验开始前，指导教师要对学生的预习报告做检查，要求学生了解本次实验的目的、内容和方法，只有满足此要求后，方能允许实验。

（2）指导教师对实验装置做介绍，指导学生熟悉本次实验使用的实验设备、仪器，明确这些设备的功能与使用方法。

（3）按实验小组进行实验，实验小组成员应进行明确的分工，以保证实验操作协调，记录数据准确可靠。实验小组成员的分工应在实验进行中实行轮换，以便实验参加者能全面掌握实验技术，提高动手能力。

（4）按预习报告上的系统、详细实验线路图进行接线。一般情况下，接线次序为先主电路，后控制电路；先串联，后并联。

（5）完成实验系统接线后，必须进行自查。串联回路从电源的某一端出发，按回路逐项检查各仪表、设备、负载的位置、极性等是否正确；并联支路则检查其两端的连接点是否在指定的位置。距离较远的两连接端必须选用长导线直接跨接，不得用2根导线在实验装置上的某接线端进行过渡连接。

（6）实验时，应按实验指导书所提出的要求及步骤，逐项进行实验和操作。除做阶跃启动试验外，系统启动前，应使负载电阻值最大，给定电位器处于零位；测试记录点的分布应均匀；改接线路时，必须断开主电源方可进行。实验中应观察实验现象是否正常，所得数据是否合理，实验结果是否与理论相一致。

（7）完成本次实验全部内容后，应请指导教师检查实验数据、记录的波形。经指导教师认可签字后方可拆除接线，整理好连接线、仪器、工具，使之物归原位。

2.4　实验安全操作规程

为了顺利完成电力电子技术及电机控制实验，确保实验时人身安全与设备可靠运行，要严格遵守如下安全操作规程。

（1）在实验过程时，绝对不允许实验人员双手同时接触隔离变压器的两个输出端，将人体作为负载使用。

（2）为了提高学生的安全用电常识，任何接线和拆线都必须在切断主电源后方可进行。

（3）为了提高实验过程中的效率，学生独立完成接线或改接线路后，应仔细再次核对线路，并告知组内其他成员注意后方可接通电源。

（4）如果在实验过程中发生过流告警，应仔细检查线路以及电位器的调节参数，确定无误后方能重新进行实验。

（5）在实验中应注意所接仪表的最大量程，选择合适的负载完成实验，以免损坏仪表、电源或负载。

（6）电源控制屏以及各挂件所用熔断器规格和型号是经过反复实验选定的，不得私自改变其规格和型号，否则可能会引起不可预料的后果。

（7）在完成电流、转速闭环实验前一定要确保反馈极性正确，应构成负反馈，避免出现正反馈，造成过流。

（8）除做阶跃启动试验外，系统启动前负载电阻必须放在最大阻值，给定电位器必须退回至零位后，才允许合闸启动并慢慢增加给定，以免元件和设备过载损坏。

（9）拆除接线时，必须用拇指和食指捏住插头向外拔出连接线，绝对不允许拉住导线向外拔，以避免拉断导线与插头的连接部分，具体如图 2-1 所示。

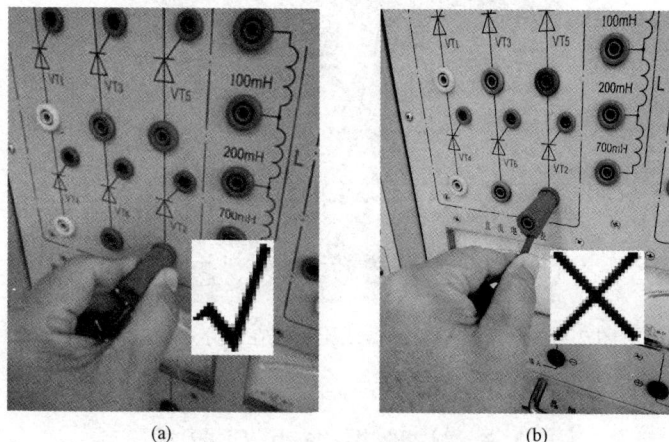

(a)　　　　　　　　　(b)

图 2-1　拆除接线的方法

（a）正确的着力点；（b）错误的着力点

（10）自耦变压器使用注意事项。自耦变压器属于无隔离的变压器，其一、二次共用一个绕组。与同容量的普通变压器相比，其体积小、效率高，因而广泛应用于实验室中，用于升压或降压。自耦变压器的二次绕组是一次绕组的一部分，如图 2-2（a）所示。

在自耦变压器使用的过程中，如果二次绕组意外断开，会使二次输出电压升至和一次电压一样高，引发安全隐患。因此，自耦变压器在使用过程中，必须将调压旋钮旋至指示输出为零处（见图 2-3），使 $u_2 = 0$ 才可以接通电源；接通电源后，再旋转调压旋钮，使 u_2 达到所需要的数值。

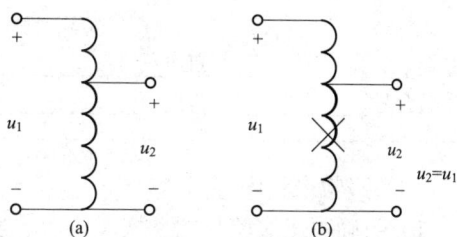

图 2-2　自耦变压器

（a）原理电路；（b）二次绕组意外断开

（11）双踪示波器使用注意事项。对于被测的直流电路以及与电网通过隔离变压器隔离的交流电路，双踪示波器两个探头的地线绝对不允许同时接在同一电路的电位不同的两个点上，以防这两个电位不同的点通过示波器外壳发生电气短路。

对于未通过隔离变压器与电网隔离的电路，且示波器探头的地线也接地，则示波器探头的地线绝对不允许接在电路中电位不为零的端点上，以免通过接地端使被测电路发生电气短路。

图 2-3　降压自耦变压器调压旋钮在电路通电前的状态

2.5　实验报告书写要求

（1）实验报告应使用专用的实验报告纸完成。

（2）每次实验每人独立完成一份报告，并按时送交指导教师批阅。

（3）实验报告的抬头格式如下：

实验名称＿＿＿＿＿＿＿＿＿＿			
专业＿＿＿＿＿＿＿	班级＿＿＿＿＿	姓名＿＿＿＿＿＿＿	学号＿＿＿＿＿＿＿
实验台号＿＿＿＿＿	日期＿＿＿＿＿	指导教师＿＿＿＿＿＿	成绩＿＿＿＿＿＿

（4）实验报告内容。

1）明确写出实验目的、实验内容、实验仪器和设备、实验原理，画出实验原理图。

2）对有关参数进行理论计算，给出有关公式和计算出的理论值。

3）绘制实验数据表格，如实记录实验中测量的数据。

4）绘制与实验数据相对应的特性曲线、所记录的波形。

有的实验还要求绘出曲线或波形。实验报告中的所有图表、曲线或波形均按工程化要求绘制。波形曲线一律画在坐标纸（不小于 8cm×8cm）上，比例要适中，坐标轴上应注明物理量的符号和单位（如电压 U，单位 V）、数值和比例尺。

实验测出的各个数据点应在曲线上表示出来（可用"×"或"〇"画出），由各点绘出平滑的曲线。测量和计算存在误差，个别点可能分布在曲线的两边。

5）用理论知识对实验结果进行分析，得出明确的结论。

尤其实验测量数据与理论值相差较大时，不得随意修改实验数据和结果，不得用凑数据的方法来向理论值靠拢，应运用理论知识来分析实验数据和结果，解释实验现象，找出引起较大误差的原因。

对每个实验都应给出明确的结论，用实验数据、实验现象说明某一理论的正确性，或者自己的疑问。

6）回答实验指导书中提出的思考题。

（5）综合性实验报告的要求。

综合性实验报告与（4）实验报告内容部分要求基本相同。

1）根据教师对本次实验提出的要求，结合自身学习的实际情况，认真选择实验题目。

2）根据题目要求，选用实验电路和测试电路。计算要正确，步骤要清晰，画出的电路图要整洁，元器件符号应标准化。

3）自拟详细的实验步骤，包括实验电路的调试和测试步骤，绘制实验表格，对实验现象、实验结果进行综合分析。

（6）设计性实验报告的要求。设计性实验要求在实验前，必须认真阅读教材；复习有关理论知识；查阅有关元器件手册及仪器的性能与使用方法；明确本次实验的目的、任务及要求，认真写出设计报告。设计报告的内容包括实验步骤，原理电路图；并计算出电路图中各元件的数值，主要参数的测量电路图，然后，将理论计算值和待测参数列成表格，以便实验时填写。实践证明，凡是设计做得好的同学，做起实验来也得心应手，能收到事半功倍的效果。

设计性实验报告应包括以下内容：①课题名称；②已知条件；③主要技术指标；④实验用仪器；⑤电路工作原理，电路设计与调试；⑥技术指标测试，实验数据整理；⑦整理电路原理图，并标明调试、测试完成后各元件的参数；⑧故障分析及解决的办法；⑨实验结果讨论与误差分析；⑩思考题解答与实验研究等。

最后，还应对本次实验进行总结，写出本次实验中的收获体会，如创新设计思想、电路的改进方案、成功的经验、失败的教训等。

无论哪一类实验，对实验过程、实验现象、实验结果进行分析、总结是一个非常重要的环节，通过这一环节，学生的实验能力、分析问题解决问题的能力将得到升华。

实验报告最有价值的部分，应该是最后一部分：实验过程中发现的问题及其分析解决。报告应文理通顺，字迹端正，图形美观，页面整洁。

2.6　相控变流电路触发角 α 大小的判断方法

"电力电子技术"课程中涉及的相控变流电路包括各种相控整流电路、相控有源逆变电路、相控交流调压电路等。在这些变流电路中，输出变量的波形及大小都与触发角 α 的大小有关，请详见《电力电子技术》教材的相关章节。在本实验指导书的第3、4章中涉及这类相控变流电路的多个实验中，都要求记录触发角 α 取不同值（如 30°、60°、90°…）时有关电量（诸如输出电压、输出电流、晶闸管两端电压等等）的数值及波形，以研究触发角 α 对变流电路工作的影响。然而，电力电子技术实验装置 DJDK-1 中的触发挂件"DJK03-1——晶闸管触发电路""DJK02-2——三相晶闸管触发电路"均未提供触发角 α

的显示功能；挂件"DJK02-3——三相数字晶闸管触发电路"虽然有显示，但仍不满足实验要求。

有关相控变流电路的实验中，判断触发角 α 的大小的最实用方法，是根据示波器显示的波形情况和有关数据计算触发角 α 的大小。

对于单相相控整流电路，触发角 α 定义为从电网电压过零变正起，到触发脉冲出现这段时间对应的电角度，如图 2-4 所示。图中为单相桥式可控整流电路电阻性负载时的输出电压 u_d 波形。

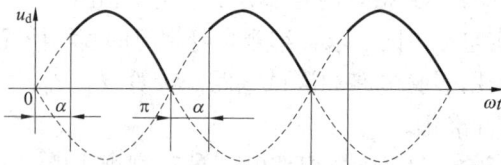

图 2-4　单相桥式可控整流电路触发角 α 的大小

如果交流电压的周期是 20ms，从示波器上读出 α 对应的时间为 t，则 α 的大小为

$$\alpha = \frac{t}{10} \times 180°$$

关于 α 对应时间 t 的大小，现以图 2-5 所示示波器中的波形为例介绍求法。图 2-5（a）所示示波器屏幕下方显示 M 2.5ms，即表示屏幕上 1 个大格［见图 2-5（b）］对应的时间为 2.5ms，而每个大格又被分为 5 个小格，则每个小格对应的时间为 0.5ms。示波器显示 ⊕ =49.9021Hz，即测量时电网频率是 49.9021Hz，简化起见，频率按 50Hz 处理，由此产生的误差可以忽略不计。故图 2-5（a）所示波形的周期为

$$T = 8 \times 2.5\text{ms} = 20\text{ms}$$

t 占用了 4 个小格，故 α 对应的时间为

$$t = 4 \times 0.5\text{ms} = 2.0\text{ms}$$

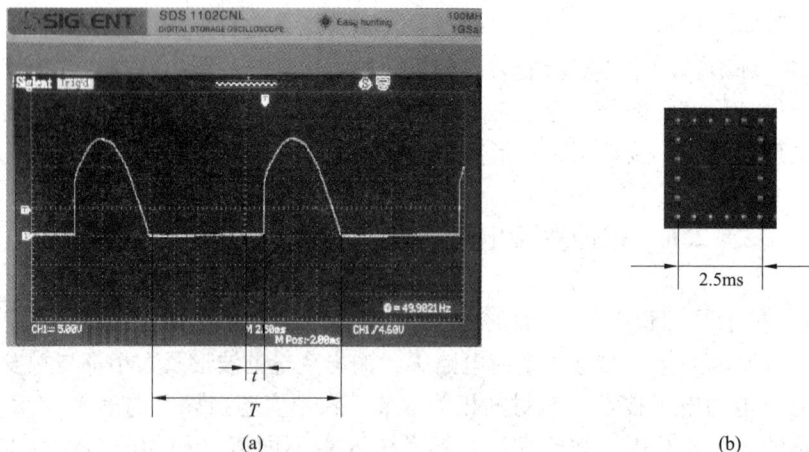

图 2-5　从示波器读单相桥式可控整流电路触发角 α 对应的时间 t

（a）示波器屏幕；（b）屏幕上的 1 个大格对应的时间

故触发角为

$$\alpha = \frac{2}{10} \times 180° = 36°$$

对于三相相控变流电路，触发角定义为三相交流电压的自然换相点距触发脉冲出现这段时间对应的电角度，如图 2-6 所示。图中为三相相电压为 u_2 时，三相半波可控整流电路带电阻性负载的输出电压 u_d 波形。

如果交流电压的周期为 20ms，从示波器上读出 30°+α 对应的时间为 t，则 α 的大小为

$$\alpha = \frac{t}{10} \times 180° - 30°$$

关于 30°+α 对应时间 t 的大小的求法，与单相变流电路中相同。

图 2-7 所示示波器屏幕下方显示 M 2.50ms ，依然表示屏幕上 1 个大格对应的时间为 2.5ms，示波器显示 σ=149.706Hz ，表示 3 脉动输出的频率为 149.706Hz，即测量时电网频率是 149.706Hz/3 = 49.902Hz，简化起见，频率按 50Hz 处理，由此产生的误差可以忽略不计。图 2-7 所示波形的周期亦为

$$T = 8 \times 2.5\text{ms} = 20\text{ms}$$

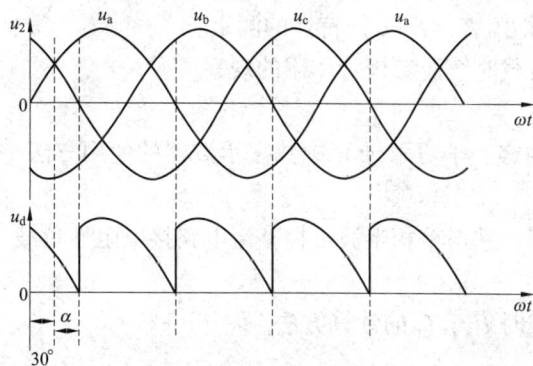

图 2-6　三相半波可控电路触发角 α 的大小

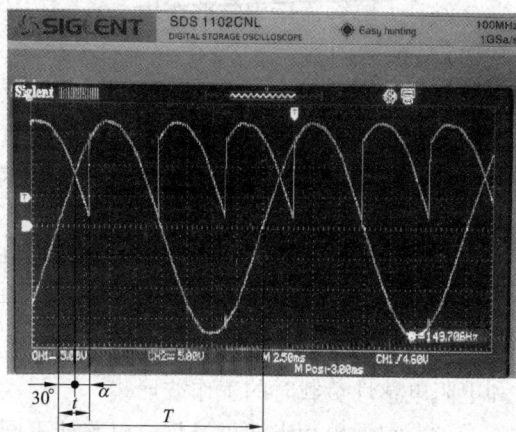

图 2-7　从示波器读三相半波可控
电路 α 对应时间 t 的大小

t 占用了 6 个小格，故 30°+α 对应的时间为

$$t = 6 \times 0.5\text{ms} = 3.0\text{ms}$$

故触发角为

$$\alpha = \frac{3}{10} \times 180° - 30° = 24°$$

思考题

1. 单相变流电路中，若要求 $\alpha = 30°$，则 α 对应时间 t 占用多少个小格？

2. 三相变流电路中，若要求 $\alpha = 30°$，则 30°+α 对应时间 t 占用多少个小格？

3. 图 2-7 所示示波器显示了两个电压的波形。在使用双踪示波器同时观测两个电压的波形时应注意什么？

第3章 电力电子技术实验

本章介绍的电力电子技术实验属于基础实验部分，包括单相、三相全控整流及有源逆变，单相、三相交流调压，单相斩控式交流调压，IGBT 特性及其驱动与保护电路，直流斩波电路的性能研究，单相正弦波脉宽调制（SPWM）逆变，PS-ZVS-PWM 软开关技术，半桥型开关稳压电源的性能研究等实验。

实验1 单相半波可控整流

一、实验目的

（1）了解单结晶体管触发电路的调试步骤和方法。

（2）掌握单相半波可控整流电路在电阻负载及电阻电感性负载时的工作情况。

（3）了解续流二极管的作用。

二、实验内容

（1）单结晶体管触发电路的调试及各点电压波形的观察。

（2）单相半波可控整流电路带电阻性负载时 $U_d/U_2=f(\alpha)$ 特性的测定。

（3）单相半波可控整流电路带电阻电感性负载时续流二极管作用的观察。

三、预习要求

（1）阅读第 1 章中有关表 3-1 列出的挂件内容。学习附录 B 中数字示波器的使用方法。阅读本实验的"七、注意事项"。

（2）复习单相半波可控整流电路的有关内容，掌握单相半波可控整流电路接电阻性负载和电阻电感性负载时的工作波形。

（3）掌握单相半波可控整流电路接不同负载时 U_d、I_d 的计算方法。

四、实验所需挂件及仪表

单相半波可控整流实验所需挂件及仪表见表 3-1。

表 3-1　　　　　　　　单相半波可控整流实验所需挂件及仪表

序号	型号及名称	备　　注
1	DJK01 电源控制屏	该控制屏包含"三相电源输出""励磁电源"等模块
2	DJK02 晶闸管主电路	该挂件包含"晶闸管""电感"等模块
3	DJK03-1 晶闸管触发电路	该挂件包含"单结晶闸管触发电路"模块
4	DJK06 给定及实验器件	该挂件包含"二极管"等几个模块
5	D42 三相可调电阻	负载电阻
6	双踪示波器	
7	万用表	

五、实验电路及原理

单相半波可控整流电路的实验原理图如图 3-1 所示。图中各电路元器件的情况如下：

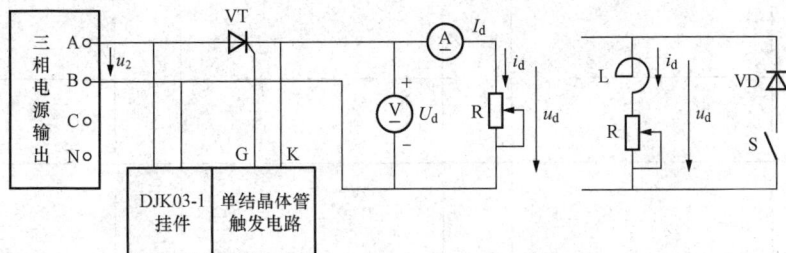

图 3-1　单相半波可控整流电路实验原理图

三相电源输出——DJK01 挂件。

晶闸管——DJK02 挂件反桥或正桥中的任意一个。

注意：将所选晶闸管相应的触发脉冲的开关置"断"的位置，以防止误触发。

触发脉冲——DJK03-1 挂件单结晶体管触发电路。

负载 R——D42 挂件三相可调电阻中的任一相，将两个 900Ω 电阻接成并联形式。

电感 L——DJK02 挂件上，有 100、200、700mH 三挡可供选择，本实验中选用 700mH。

二极管 VD 和开关 S——DJK06 挂件上。

直流电压表、直流电流表——DJK01 或 DJK02 挂件。

DJK03-1 挂件上的单结晶体管触发电路的输出端"G"和"K"接到所选晶闸管的门极和阴极。

六、实验方法

1. 单结晶体管触发电路的调试

将 DJK01 电源控制屏的电源选择开关打到"直流调速"侧，使输出线电压为 200V，用两根导线将 200V 交流电压接到 DJK03-1 的"外接 220V"端，按下"启动"按钮，打开 DJK03-1 电源开关。参考 1.5 节中单结晶体管触发电路的工作原理及各点工作波形（见图 1-10），用双踪示波器观察单结晶体管触发电路中整流输出的梯形波电压、锯齿波电压，以及最终的输出脉冲电压等波形。调节移相电位器 RP1，观察锯齿波的周期变化，观察输出脉冲电压波形的移相范围能否在 30°~170° 范围内移动。

2. 单相半波可控整流电路接电阻性负载

触发电路调试正常后，按图 3-1 所示实验原理图接线。将电阻器调在最大阻值位置，按下"启动"按钮，用示波器观察负载电压 u_d、晶闸管 VT 两端电压 u_{VT} 的波形，调节移相电位器 RP1，观察并记录 $\alpha=30°$、90°、120° 时 u_d、u_{VT} 的波形于表 3-2 中。测量直流输出电压 U_d 和交流电源电压 u_{AB} 的有效值 U_2，记录于表 3-3 中。

3. 单相半波可控整流电路接电阻电感性负载

将负载电阻 R 改成电阻电感性负载（由电阻器与平波电抗器 L 串联而成，电阻器调在最大阻值位置），暂不接续流二极管 VD，观察并记录 $\alpha=30°$、90°、120° 时的直流输出电压 u_d 及 u_{VT} 的波形于表 3-4 中；测量直流输出电压 U_d 和电源电压 U_2，记录于表 3-5 中。

注意：此处的 u_d 是 R 与 L 串联所构成负载的两端电压，而不是 R 两端的电压。

表 3-2　　　　　　　　单相半波可控整流电阻性负载 u_d 和 u_{VT} 波形

α	30°	90°	120°
u_d			
u_{VT}			

表 3-3　　　　　　　　单相半波可控整流电阻性负载测量结果

α	30°	60°	90°	120°	150°
U_2 (V)					
U_d (V)（测量值）					
U_d/U_2					
U_d (V)（计算值）					

注　$U_d=0.45U_2$（1+cosα)/2。

表 3-4　　　　　　　　单相半波可控整流电阻电感性负载 u_d 和 u_{VT} 波形

α	30°	90°	120°
u_d			
u_{VT}			

表 3-5　　　　　　　　单相半波可控整流电阻电感性负载测量结果

α	30°	60°	90°	120°	150°
U_2 (V)					
U_d (V)					

　　改变负载阻抗角，不接续流二极管 VD，观察并记录 α=30°、90°、120°时的直流输出电压 u_d 及 u_{VT} 的波形于表 3-6 中；测量直流输出电压 U_d 和电源电压 U_2，记录于表 3-7 中。

表 3-6 单相半波可控整流电阻电感性负载改变负载阻抗角后 u_d 和 u_{VT} 波形

α	30°	90°	120°
u_d			
u_{VT}			

表 3-7 单相半波可控整流电阻电感性负载改变负载阻抗角后测量结果

α	30°	60°	90°	120°	150°
U_2（V）					
U_d（V）					

改变负载阻抗角的方法：阻抗角 $\varphi = \arctan(\omega L/R)$，$\omega$ 为交流电源电压的角频率，保持电感量不变，改变 R 的电阻值，即可改变负载阻抗角。

注意：按下"启动"按钮时电阻器应先调至最大阻值位置，启动后再将负载电阻 R 由最大值减小到某一数值，此数值应使直流侧电流不超过 0.5A，注意监测直流电流表。

接入续流二极管 VD，重复上述实验，观察续流二极管的作用，以及 u_d 波形的变化，并记录于表 3-8 中。测量直流输出电压 U_d 和电源电压 U_2，记录于表 3-9。

表 3-8 单相半波可控整流电阻电感性负载接续流二极管后 u_d 波形

α	30°	90°	120°
u_d			

表 3-9 单相半波可控整流电阻电感性负载接续流二极管后测量结果

α	30°	60°	90°	120°	150°
U_2（V）					
U_d（V）（测量值）					
U_d（V）（计算值）					

注 $U_d = 0.45U_2(1+\cos\alpha)/2$。

七、注意事项

（1）双踪示波器有两个探头，可同时观测两路信号，但这两个探头的地线都与示波器的外壳相连。所以两个探头的地线不能同时接在同一电路的不同电位的两个点上，否则这两点会通过示波器外壳发生电气短路。因此，为了保证测量的顺利进行，可将任意一个探头的地线取下或外包绝缘，只使用其中一路的地线，这样从根本上解决了这个问题。当需要同时观察两个信号时，必须在被测电路上找到这两个信号的公共点，将探头的地线接于此处，探头各接至被测信号，只有这样才能在示波器上同时观察到两个信号，而不发生意外。

（2）在本实验中触发电路选用的是单结晶体管触发电路，同样也可以用锯齿波同步移相触发电路来完成实验。

（3）在实验中，触发脉冲是从外部接入 DJK02 面板上晶闸管的门极和阴极，此时，应将所用晶闸管对应的正桥触发脉冲或反桥触发脉冲的开关拨向"断"的位置，避免误触发。

（4）为避免晶闸管意外损坏，实验时要注意以下几点：

1）在主电路未接通时，先要调试触发电路，只有触发电路工作正常后，才可以接通主电路。

2）若采用锯齿波同步移相触发电路，在接通主电路前，必须先将控制电压 U_{ct}（参见图 1-8、图 1-13）调到零（将电位器 RP2 顺时针旋到底，此时观测孔 3 的电位应最低），且将负载电阻调到最大阻值处；接通主电路后，才可逐渐加大控制电压 U_{ct}，避免过流。

3）要选择合适的负载电阻和电感，避免过流。在无法确定的情况下，应尽可能选用大的电阻值。

（5）由于晶闸管持续工作时，需要有一定的维持电流，故要使晶闸管主电路可靠工作，其通过的电流不能太小，否则可能会造成晶闸管时断时续，工作不可靠。在本实验装置中，要保证晶闸管正常工作，负载电流必须大于 50mA。

（6）在实验中要注意同步电压与触发相位的关系。例如在单结晶体管触发电路中，触发脉冲产生的位置是在同步电压的上半周，而在锯齿波触发电路中，触发脉冲产生的位置是在同步电压的下半周，所以在主电路接线时应充分考虑到这个问题，否则实验就无法顺利完成。

（7）使用电抗器时要注意其通过的电流不要超过 1A，以保证电感的线性。

八、触发电路

本实验也可采用 DJK02-3 三相数字晶闸管触发电路。DJK02-3 挂件用液晶显示器显示触发角 α 的数值，其使用方法请参见"实验 3 三相半波可控整流及有源逆变"中的实验方法。

DJK02-3 挂件通过"复位""增加""减少"三个按钮调整触发脉冲的相位，按一次"增加"或"减少"按钮调整 1°。调整方便，数值精确，如图 3-2 所示。

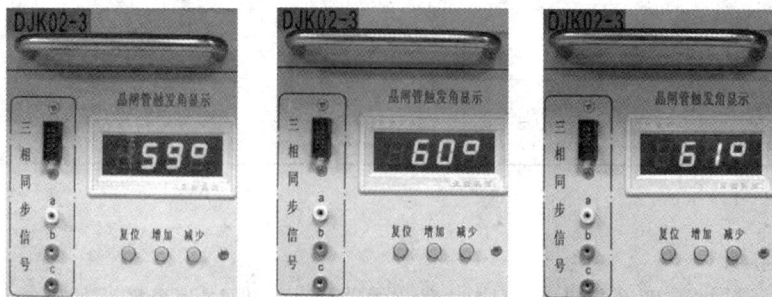

图 3-2　DJK02-3 挂件触发角的数字显示

本实验原理电路如图 3-3 所示。此时应对实际触发脉冲相位 α_r 进行修正，即

$$\alpha_r = \alpha + 60° \tag{3-1}$$

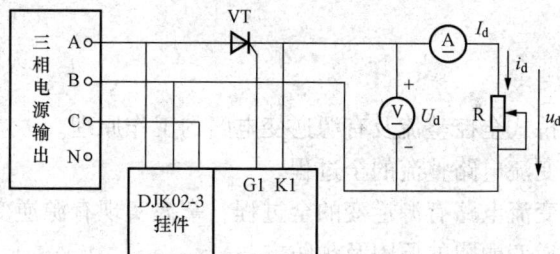

图 3-3　三相数字晶闸管触发电路触发单相半波可控整流电路

当单相半波整流电路的交流电压取自相电压 u_A 时，应对实际触发脉冲相位 α_r 进行修正，即

$$\alpha_r = \alpha + 30° \tag{3-2}$$

九、实验报告

（1）画出 $\alpha = 30°$、$90°$、$120°$ 时，电阻性负载和电阻电感性负载的 u_d、u_{VT} 波形。

（2）画出电阻性负载时 $U_d/U_2 = f(\alpha)$ 的实验曲线，并与计算值 U_d 的对应曲线相比较。

（3）分析实验中出现的现象，写出体会。

十、思考题

（1）单相半波可控整流电路接电感性负载时会出现什么现象？如何解决？

（2）"六、实验方法 3" 中，负载电阻减小后负载阻抗角如何变化？据观测 u_d 波形如何变化？U_d 如何变化？请分析原因。

（3）续流二极管 VD 起何作用？

实验 2　单相桥式全控整流及有源逆变

一、实验目的

(1) 加深理解单相桥式全控整流及有源逆变电路的工作原理。

(2) 研究单相桥式变流电路整流的全过程。

(3) 研究单相桥式变流电路有源逆变的全过程，掌握实现有源逆变的条件。

(4) 掌握产生有源逆变颠覆的原因及预防方法。

二、实验内容

(1) 单相桥式全控整流电路带电阻电感负载触发电路调试及主电路工作波形测试。

(2) 单相桥式有源逆变电路带电阻电感负载触发电路调试及主电路工作波形测试。

(3) 有源逆变电路逆变颠覆现象的观察。

三、预习要求

(1) 阅读第 1 章中有关表 3-10 列出的挂件的内容。

(2) 阅读电力电子技术教材中有关单相桥式全控整流电路的有关内容。

(3) 阅读电力电子技术教材中有关有源逆变电路的内容，掌握实现有源逆变的基本条件。

四、实验所需挂件及仪表

单相桥式全控整流及有源逆变实验所需挂件及仪表见表 3-10。

表 3-10　　　　　　　单相桥式全控整流及有源逆变实验所需挂件及仪表

序号	型号及名称	备　　注
1	DJK01 电源控制屏	该控制屏包含"三相电源输出""励磁电源"等模块
2	DJK02 晶闸管主电路	该挂件包含"晶闸管""电感"等模块
3	DJK03-1 晶闸管触发电路	该挂件包含"锯齿波同步触发电路"模块
4	DJK10-1 三相芯式变压器及不控整流	该挂件包含"逆变变压器""三相不控整流"等模块
5	D42 三相可调电阻	负载电阻
6	双踪示波器	
7	万用表	

五、实验电路及原理

1. 单相桥式全控整流

单相桥式全控整流电路的实验原理图如图 3-4 所示，其中各电路元器件的情况如下：

三相电源输出——DJK01 挂件。

晶闸管——DJK02 挂件中的任意 4 个。

注意：将所选晶闸管相应的触发脉冲的开关置"断"的位置，以防止

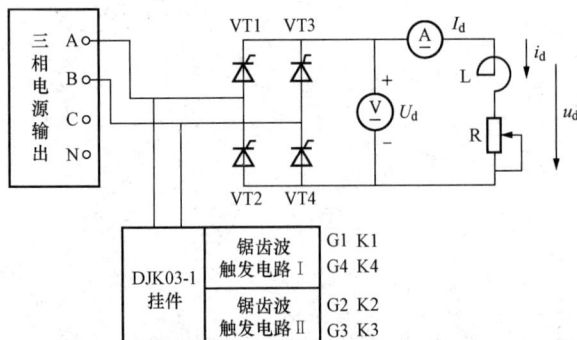

图 3-4　单相桥式整流实验原理图

误触发。

触发脉冲——DJK03-1 挂件锯齿波同步移相触发电路"Ⅰ"和"Ⅱ"。

负载 R——D42 挂件三相可调电阻中的任一相，将两个 900Ω 电阻接成并联形式。

电抗 L——DJK02 挂件上的700mH。

直流电压表、直流电流表——DJK01 或 DJK02 挂件。

2. 单相桥式有源逆变

单相桥式有源逆变电路的实验原理图如图 3-5 所示。在图 3-4 的基础上其余各电路元器件的情况如下：

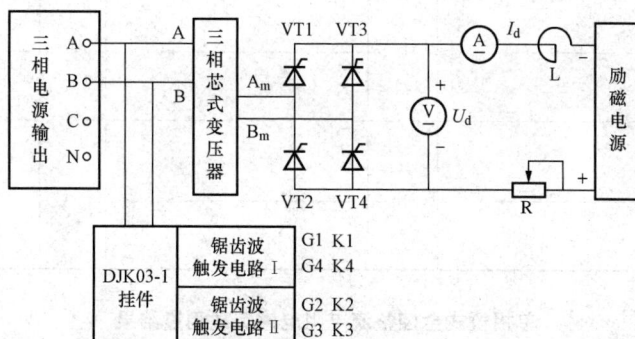

图 3-5　单相桥式有源逆变实验原理图

三相芯式变压器——DJK10-1 挂件；

励磁电源——DJK01 挂件。

励磁电源为直流电源，供逆变桥路使用，逆变桥路逆变出的交流电压经升压变压器反馈回电网。三相芯式变压器做升压变压器用，从晶闸管逆变出的电压接芯式变压器的中压端 A_m、B_m，返回电网的电压从其高压端 A、B 输出，为了避免输出的逆变电压过高而损坏芯式变压器，将变压器接成 Yy 接法。

注意：三相芯式变压器高压绕组的 X、Y 端要短接； 中压绕组的 Xm、Ym 端要短接，参见图 1-22。

有关实现有源逆变的内部条件和外部条件，请参见电力电子技术教材的有关内容。

六、实验方法

1. 触发电路的调试

将 DJK01 电源控制屏的电源选择开关打到"直流调速"侧，使输出线电压为 200V，用两根导线将 200V 交流电压接到 DJK03-1 的"外接220V"端，按下"启动"按钮，打开 DJK03-1 电源开关，用示波器观察锯齿波同步触发电路各观察孔的电压波形。请参见 1.5 节 DJK03-1 挂件（晶闸管触发电路）。

将控制电压 U_{ct} 调至零（将电位器 RP2 顺时针旋到底），观察同步电压信号和"6"点 u_{TP6} 的波形，调节偏移电压 U_b（即调 RP3 电位器），使 $\alpha = 180°$。

将锯齿波触发电路的输出脉冲端分别接至全控桥中相应晶闸管的门极和阴极，注意不要将相序接反，否则无法进行整流和逆变。将 DJK02 上的正桥和反桥触发脉冲开关都拨向"断"的位置，并使 DJK02-3 上的 U_{lf} 和 U_{lr} 悬空；或将 DJK02 上的正（反）桥触发脉冲输入端不经 20 芯扁平线与 DJK02-3 上的正（反）桥触发脉冲输出端相连，确保晶闸管不被误触发。

2. 单相桥式全控整流

按图 3-4 接线，将电阻器置于在最大阻值处，按下"启动"按钮，保持 U_b 偏移电压不变（即 RP3 固定），逐渐增加 U_{ct}（调节 RP2），在 $\alpha = 30°$、$90°$、$120°$ 时，用示波器观察、记录整流电压 u_d 和晶闸管两端电压 u_{VT} 的波形于表 3-11，并记录 $\alpha = 30°$、$60°$、$90°$、$120°$ 时电源电压 U_2 和负载电压 U_d 的数值于表 3-12 中。

表 3-11　　　　单相桥式全控整流 u_d 和 u_{VT} 波形

α	30°	90°	120°
u_d			
u_{VT}			

表 3-12　　　　单相桥式全控整流电阻电感负载测量结果

α	30°	60°	90°	120°
U_2（V）				
U_d（测量值）（V）				
U_d（计算值）（V）				—

注　$U_d = 0.9 U_2 \cos\alpha$。

3. 单相桥式有源逆变电路

按图 3-5 接线，将电阻器放在最大阻值处，按下"启动"按钮，保持 U_b 偏移电压不变（即 RP3 固定），逐渐增加 U_{ct}（调节 RP2），在 $\beta = 30°$、$60°$、$90°$ 时，观察、记录逆变电流 i_d 和晶闸管两端电压 u_{VT} 的波形，并记录负载电压 U_d 的数值于表 3-13 中。

表 3-13　　　　单相桥式有源逆变测量结果

β	30°	60°	90°
i_d			
u_{VT}			
U_2（V）			
U_d（测量值）（V）			
U_d（计算值）（V）			

注　$U_d = -0.9 U_2 \cos\beta$。

4. 逆变颠覆现象的观察

调节 U_{ct}，使 $\alpha = 150°$，观察 U_d 波形。突然关断触发脉冲（可将触发信号拆去），用双踪慢扫描示波器观察逆变颠覆现象，记录逆变颠覆时的 u_d 波形。

七、注意事项

（1）参照本章实验 1 的注意事项。

（2）在本实验中，触发脉冲是从外部接入 DJK02 面板上晶闸管的门极和阴极，此时，应将所用晶闸管对应的正桥触发脉冲或反桥触发脉冲的开关拨向"断"的位置，并将 U_{lf} 和 U_{lr} 悬空，避免误触发。

（3）为了保证从逆变到整流不发生过流，其回路的电阻 R 应取比较大的值，但也要考虑到晶闸管的维持电流，保证可靠导通。

八、触发电路

锯齿波同步移相触发电路的调整非常困难，而西门子 TCA785 触发电路工作非常可靠，每个挂件都能调出满足要求的触发脉冲；比较而言西门子 TCA785 对零点的识别更加可靠，输出脉冲的齐整度更好，移相范围更宽，同时输出脉冲的宽度可人为自由调节。

因此，建议在单相桥式变流电路中采用西门子 TCA785 触发电路。

九、实验报告

（1）画出单相桥式全控整流电路 $\alpha = 30°$、$90°$、$120°$ 时 u_d 和 u_{VT} 的波形。

（2）画出电路的移相特性 $U_d = f(\alpha)$ 曲线。

（3）画出单相桥式有源逆变电路 $\beta = 30°$、$60°$、$90°$ 时 u_d 和 u_{VT} 的波形。

（4）分析逆变颠覆的原因及逆变颠覆后会产生的后果。

十、思考题

实现有源逆变的条件是什么？在本实验中如何保证能满足这些条件？

*十一、研究性问题

经试验、研究后回答，可否使用 DJK02-3 二相数字晶闸管触发电路提供的触发脉冲与有关晶闸管构成单相桥式全控整流电路。

实验 3　三相半波可控整流及有源逆变

一、实验目的

（1）了解三相半波可控整流电路的工作原理，研究可控整流电路在电阻负载和电阻电感性负载时的工作情况。

（2）研究三相半波有源逆变电路的工作原理，验证可控整流电路在有源逆变时的工作条件，并比较与整流工作时的区别。

二、实验内容

（1）三相半波可控整流电路带电阻性负载测试电路调试及主电路工作波形测试。

（2）三相半波可控整流电路带电阻电感性负载测试电路调试及主电路工作波形测试。

（3）三相半波有源逆变电路。

三、预习要求

（1）阅读第 1 章中有关表 3-14 所列挂件的内容。

（2）阅读电力电子技术教材中有关三相半波整流电路、有源逆变电路的内容。

四、实验所需挂件及仪表

三相半波可控整流及有源逆变实验所需挂件及仪表见表 3-14。

表 3-14　　　　　三相半波可控整流及有源逆变实验所需挂件及仪表

序号	型号及名称	备　注
1	DJK01 电源控制屏	该控制屏包含"三相电源输出""励磁电源"等模块
2	DJK02 晶闸管主电路	该挂件包含"晶闸管""电感"等模块
3	DJK02-3 三相晶闸管触发电路	该挂件包含"触发电路""正反桥功放"等模块
4	DJK10-1 三相芯式变压器及不控整流	该挂件包含"逆变变压器""三相不控整流"等模块
5	D42 三相可调电阻	负载电阻
6	双踪示波器	
7	万用表	

五、实验电路及原理

1. 三相半波可控整流

三相半波可控整流电路的实验原理图如图 3-6 所示，其中各电路元器件的情况如下：

三相电源输出——DJK01 挂件。

晶闸管——DJK02 挂件正桥中的 VT1、VT3、VT5，或反桥中的 VT1′、VT3′、VT5′。

触发脉冲——DJK02-3 挂件的正桥脉冲输出（采用正桥中的晶闸管 VT1、VT3、VT5 时），或反桥脉冲输出（采用反桥中的晶闸管 VT1′、VT3′、VT5′ 时）。

注意：采用正桥脉冲输出时，必须将 U_{lf} 端接地；采用反桥脉冲输出时，必须将 U_{lr} 端接地。

负载 R——D42 挂件三相可调电阻中的任一相，将两个 900Ω 电阻接成并联形式。

电感 L——DJK02 挂件上的 700mH。

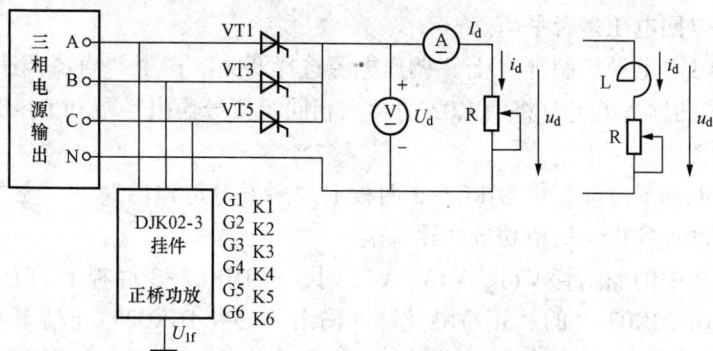

图 3-6 三相半波可控整流电路实验原理图

直流电压表、直流电流表——DJK01 或 DJK02 挂件。

三相半波可控整流电路用了 3 只晶闸管,与单相电路比较,其输出电压脉动小,输出功率大。该电路的不足之处是晶闸管电流(即整流变压器的二次电流)在一个周期内只有 1/3 时间有电流流过,变压器利用率较低。其工作原理详见电力电子技术教材中的有关内容。

2. 三相半波有源逆变

三相半波有源逆变电路的实验原理图如图 3-7 所示。在图 3-6 基础上其余各电路元器件的情况如下:

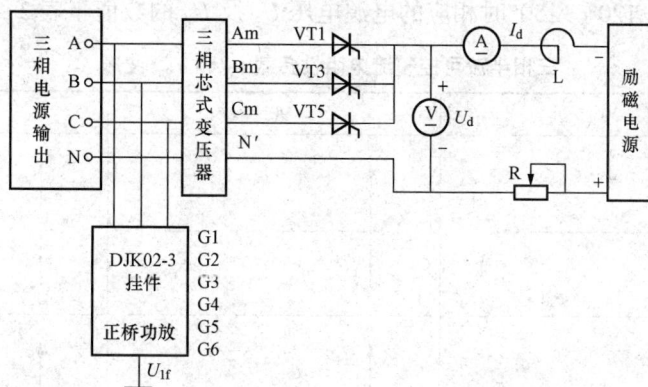

图 3-7 三相半波有源逆变电路实验原理图

三相芯式变压器——DJK10-1 挂件;

励磁电源——DJK01 挂件。

励磁电源为直流电源。三相芯式变压器用作升压变压器,Y/Y 接法,逆变输出的电压接芯式变压器的中压端 Am、Bm、Cm,返回电网的电压从高压端 A、B、C 输出。

注意:三相电源输出的"N"接三相芯式变压器高压绕组的公共端(X、Y、Z 短接在一起);三相芯式变压器的"N′"是中压绕组的公共端(Xm、Ym、Zm 短接在一起),请参见图 1-22。

有关实现有源逆变的必要条件等内容可参见电力电子技术教材的有关内容。

六、实验方法

1. DJK02 和 DJK02-3 上的"触发电路"调试

(1)打开 DJK01 总电源开关,操作"电源控制屏"上的"三相电网电压指示"开关,观察输入的三相电网电压是否平衡。

（2）将 DJK01"电源控制屏"上"调速电源选择开关"拨至"直流调速"侧。

（3）用 10 芯的扁平电缆，将 DJK02 的"三相同步信号输出"端和 DJK02-3"三相同步信号输入"端相连。

（4）用 8 芯的扁平电缆，将 DJK02-3 面板上"触发脉冲输出"和"触发脉冲输入"相连，使得触发脉冲加到正、反桥功放的输入端。

（5）采用正桥中的晶闸管 VT1、VT3、VT5 时，将 DJK02-3 面板上的 U_{lf} 端接地，用 20 芯的扁平电缆，将 DJK02-3 的"正桥触发脉冲输出"端和 DJK02"正桥触发脉冲输入"端相连，并将 DJK02"正桥触发脉冲"的六个开关拨至"通"，用示波器观测正桥晶闸管 VT1、VT3、VT5 门极和阴极之间的触发脉冲是否正常。

采用反桥中的晶闸管 VT1′、VT3′、VT5′时，则将 U_{lr} 端接地，将上述的"正桥"全部改为"反桥"。

（6）DJK02-3 挂件的晶闸管触发角显示可能会存在误差。请通过示波器观察整流输出电压的波形判断实际控制角的大小，并确定触发角显示的误差大小。

2. 三相半波可控整流电路带电阻性负载

按图 3-6 接线，将电阻器放在最大阻值处，按下"启动"按钮。用示波器观察并记录 $\alpha = 30°$、$90°$、$120°$ 时整流输出电压 u_d 和晶闸管两端电压 u_{VT} 的波形于表 3-15 中，并记录 $\alpha = 30°$、$60°$、$90°$、$120°$、$150°$ 时相应的电源电压 U_2 及 U_d 的数值于表 3-16 中。

表 3-15　　　　　　　　　三相半波可控整流电阻性负载 u_d 和 u_{VT} 波形

α	30°	90°	120°
u_d			
u_{VT}			

表 3-16　　　　　　　　　三相半波可控整流电阻性负载测量结果

α	30°	60°	90°	120°	150°
U_2（V）					
U_d（测量值）（V）					
U_d/U_2					
U_d（计算值）（V）					

注　$U_d = 1.17U_2\cos\alpha$　　　　　$(0 \leqslant \alpha \leqslant 30°)$；

$U_d = 0.675U_2[1 + \cos(\alpha + \pi/6)]$　　$(30° < \alpha \leqslant 150°)$。

3. 三相半波可控整流带电阻电感性负载

将 DJK02 上 700mH 的电抗器与负载电阻 R 串联后接入主电路，按下 "启动" 按钮。用示波器观察并记录 $\alpha = 30°$、$90°$、$120°$ 时 u_a、u_d、i_d 的输出波形于表 3-17 中，并记录相应的电源电压 U_2 及 U_d、I_d 值于表 3-18 中。其中 u_a 为三相电源输出端 a 相相电压。

表 3-17　　　　　三相半波可控整流电阻电感性负载 u_d 和 u_{VT} 波形

α	30°	90°	120°
u_a			
u_d			
i_d			

表 3-18　　　　　三相半波可控整流电阻电感性负载测量结果

α	30°	60°	90°	120°
U_2（V）				
U_d（测量值）（V）				
U_d/U_2				
U_d（计算值）（V）				—
I_d（mA）				

注　$U_d = 1.17U_2\cos\alpha$。

4. 三相半波有源逆变电路

（1）按图 3-6 接线，将负载电阻放在最大阻值处。

（2）调整 $\alpha = 150°$，按下 "启动" 按钮，此时三相半波电路处于逆变状态，用示波器观察电路输出电压 u_d 波形，缓慢减小 α。观察电压表的指示，其值由负的电压值向零靠近，当到零电压的时候，也就是 $\alpha = 90°$，继续减小 α，输出电压由零向正的电压升高，进入整流区。在这过程中记录 $\alpha = 60°$、$90°$、$120°$、$150°$ 时的电压值、电流值于表 3-19 中，记录 $\alpha = 60°$、$90°$、$120°$ 时的 u_d 波形于表 3-20 中。

表 3-19　　　　　三相半波有源逆变测量结果

α	60°	90°	120°	150°
U_d（V）				
I_d（A）				

表 3-20   **三相半波有源逆变 u_d 波形**

α	60°	90°	120°
u_d 波形			

七、注意事项

（1）可参考本章实验 1 的注意事项。

（2）整流电路与三相电源连接时，一定要注意相序，必须一一对应。

（3）为防止逆变颠覆，逆变角必须安置在 90°>β>30°范围内。

（4）在实验过程中调节 R，必须监视主电路电流，防止 β 的变化引起主电路出现过大的电流。

（5）在实验接线过程中，注意三相芯式变压器高压侧的中性线和中压侧的中性线不能接一起。

八、实验报告

（1）绘出当 α=30°、90°、120°时，整流电路供电给电阻性负载、电阻电感性负载时的 u_d、i_d 的波形，并进行分析讨论。

（2）画出实验所得的各波形图。

（3）对可控整流电路在整流状态与逆变状态的工作特点做比较。

九、思考题

（1）如何确定三相触发脉冲的相序，主电路输出的三相相序能任意改变吗？

（2）如何根据所用晶闸管的定额，确定整流电路的最大输出电流？

（3）如何用示波器观察不同控制角 α 时输出电流 i_d 的波形？

（4）可控整流电路在 β=60°、β=90°时输出电压有何差异？

实验 4   三相桥式全控整流及有源逆变

一、实验目的

加深理解三相桥式全控整流及有源逆变电路的工作原理。

二、实验内容

(1) 三相桥式全控整流电路触发电路调试及主电路工作波形测试。

(2) 三相桥式有源逆变电路触发电路调试及主电路工作波形测试。

(3) 在整流或有源逆变状态下，当触发电路出现故障（人为模拟）时观测主电路的各电压波形。

三、预习要求

(1) 阅读电力电子技术教材中有关三相桥式全控整流电路的内容。

(2) 阅读电力电子技术教材中有关有源逆变电路的内容，掌握实现有源逆变的基本条件。

四、实验所需挂件及仪表

三相桥式全控整流及有源逆变实验所需挂件及仪表见表 3-21。

表 3-21   三相桥式全控整流及有源逆变实验所需挂件及仪表

序号	型号及名称	备 注
1	DJK01 电源控制屏	该控制屏包含"三相电源输出""励磁电源"等模块
2	DJK02 晶闸管主电路	该挂件包含"晶闸管""电感"等模块
3	DJK02-3 三相晶闸管触发电路	该挂件包含"触发电路""正反桥功放"等模块
4	DJK10-1 三相芯式变压器及不控整流	该挂件包含"逆变变压器""三相不控整流"等模块
5	D42 三相可调电阻	负载电阻
6	双踪示波器	
7	万用表	

五、实验电路及原理

1. 三相桥式全控整流

三相桥式全控整流电路的实验原理图如图 3-8 所示，其中各电路元器件的情况如下：

三相电源输出——DJK01 挂件。

晶闸管——DJK02 挂件的正桥或反桥。

触发脉冲——DJK02-3 挂件的正桥脉冲输出（采用正桥时），或反桥脉冲输出（采用反桥时）。

注意：采用正桥脉冲输出时，必须将 U_{lf} 端接地；采用反桥脉冲输出时，必须将 U_{lr} 端接地。

负载 R——D42 挂件三相可调电阻中的任一相，将两个 900Ω 电阻接成并联形式。

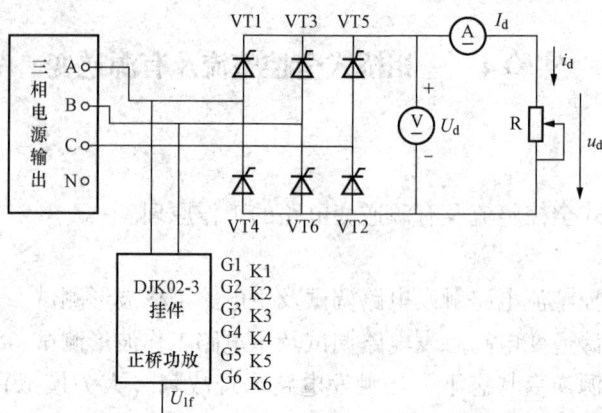

图 3-8　三相桥式全控整流电路实验原理图

直流电压表、直流电流表——DJK01 或 DJK02 挂件。

三相桥式全控整流及有源逆变电路的工作原理可参见电力电子技术教材的有关内容。

2. 三相桥式有源逆变

三相桥式有源逆变电路的实验原理图如图 3-9 所示，在图 3-8 基础上各电路元器件的情况如下：

三相芯式变压器——DJK10-1 挂件；

励磁电源——DJK01 挂件。

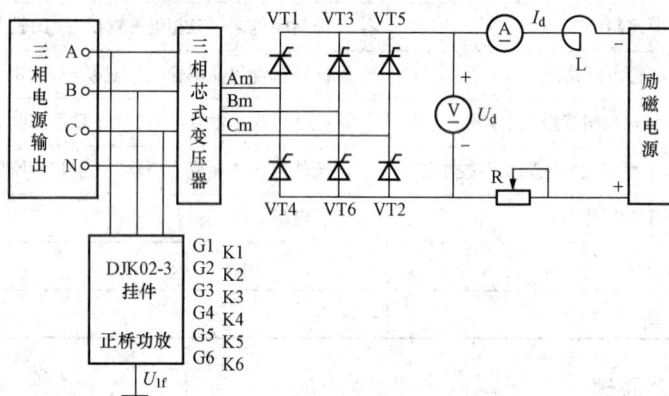

图 3-9　桥式有源逆变电路实验原理图

励磁电源为直流电源。三相芯式变压器用作升压变压器，Y/Y 接法，逆变输出的电压接芯式变压器的中压端 Am、Bm、Cm，返回电网的电压从高压端 A、B、C 输出。

注意：三相电源输出的"N"接三相芯式变压器高压绕组的公共端（X、Y、Z 短接在一起）；三相芯式变压器中压绕组的 Xm、Ym、Zm 短接在一起，请参见图 1-22。

有关实现有源逆变的必要条件等内容可参见电力电子技术教材的有关内容。

六、实验方法

1. DJK02 和 DJK02-3 上的"触发电路"调试

（1）打开 DJK01 总电源开关，操作"电源控制屏"上的"三相电网电压指示"开关，观察输入的三相电网电压是否平衡。

（2）将 DJK01 "电源控制屏" 上 "调速电源选择开关" 拨至 "直流调速" 侧。

（3）用 10 芯的扁平电缆，将 DJK02 的 "三相同步信号输出" 端和 DJK02-3 "三相同步信号输入" 端相连。

（4）用 8 芯的扁平电缆，将 DJK02-3 面板上 "触发脉冲输出" 和 "触发脉冲输入" 相连，使得触发脉冲加到正反桥功放的输入端。

（5）采用正桥中的晶闸管时，将 DJK02-3 面板上的 U_{lf} 端接地，用 20 芯的扁平电缆，将 DJK02-3 的 "正桥触发脉冲输出" 端和 DJK02 "正桥触发脉冲输入" 端相连，并将 DJK02 "正桥触发脉冲" 的 6 个开关拨至 "通"，用示波器观测正桥晶闸管 VT1～VT6 门极和阴极之间的触发脉冲是否正常。

采用反桥中的晶闸管时，则将 U_{lr} 端接地，将上述的 "正桥" 全部改为 "反桥"。

2. 三相桥式全控整流电路

按图 3-8 接线，根据需要不断调整负载电阻 R，使得负载电流 I_d 保持在 0.6A 左右（注意 I_d 不得超过 0.65A）。用示波器观察并记录 $\alpha=30°$、$60°$ 及 $90°$ 时的整流电压 u_d 和晶闸管两端电压 u_{VT} 的波形于表 3-22 中，并记录相应的 U_d 数值于表 3-23 中。

表 3-22 三相桥式全控整流 u_d 和 u_{VT} 波形

α	30°	60°	90°
u_d			
u_{VT}			

表 3-23 三相半波可控整流电阻性负载测量结果

α	30°	60°	90°
U_2 （V）			
U_d （测量值）（V）			
U_d/U_2			
U_d （计算值）（V）			

注　$U_d=2.34U_2\cos\alpha$ 　　　　（$0°\leqslant\alpha\leqslant60°$）；

　　　$U_d=2.34U_2[1+\cos(\alpha+\pi/3)]$ 　　（$60°<\alpha\leqslant120°$）。

3. 三相桥式有源逆变电路

按图 3-9 接线。根据需要不断调整负载电阻 R，使得电流 I_d 保持在 0.6A 左右（注意 I_d

不得超过 0.65A）。用示波器观察并记录 $\beta = 30°$、$60°$、$90°$ 时的电压 u_d 和晶闸管两端电压 u_{VT} 的波形，并记录相应的 U_d 数值于表 3-24 中。

表 3-24 　　　　　　　　　　　　　　三相桥式有源逆变测量结果

β	30°	60°	90°
u_d 波形			
u_{VT} 波形			
U_2 (V)			
U_d（测量值）(V)			
U_d/U_2			
U_d（计算值）(V)			

注　$U_d = 2.34 U_2 \cos(180° - \beta)$。

4. 故障现象的模拟

当 $\beta = 60°$ 时，将触发脉冲钮子开关拨向 "断开" 位置，模拟晶闸管失去触发脉冲时的故障，观察并记录这时的 u_d、u_{VT} 波形的变化情况。

七、注意事项

(1) 可参考本章实验 1 的注意事项。

(2) 为了防止过流，启动时将负载电阻 R 调至最大阻值位置。

八、实验报告

(1) 画出电路的移相特性 $U_d = f(\alpha)$。

(2) 画出 $\alpha = 30°$、$60°$、$90°$ 时的整流电压 u_d 和晶闸管两端电压 u_{VT} 的波形。

(3) 简单分析模拟的故障现象。

九、思考题

(1) 主电路和触发电路为什么要同步？如何解决主电路和触发电路的同步问题？

(2) 在本实验的整流及逆变时，分别对 α 角有什么要求？为什么？

＊十、研究性问题

在本实验中主电路三相电源的相序可任意设定吗？为什么？请做分析说明，并用实验结果佐证。

十一、相关知识

电解、电镀，直流电焊机，发电厂、水电站及 500、220、110、35kV 等各类变电站，电力机车、无轨电车、地铁，静电除尘、污水处理等都使用直流电源。

  直流电的获得有两种方式：一种方式是对交流电只进行整流；另一种方式是通过整流、逆变、再整流，即高频逆变直流电源。

  前一种方式产生大量的谐波注入电网，大容量的整流装置采用多重化电路结构可提高最低次高次谐波的次数并减小谐波电流；后一种方式采用 IGBT（绝缘栅双极晶体管）及高频谐振逆变控制技术，谐波电流小，效率、功率因数高。

实验 5 单 相 交 流 调 压

一、实验目的

（1）加深理解单相交流调压电路的工作原理。

（2）加深理解单相交流调压电路带电感性负载对触发脉冲及移相范围的要求。

二、实验内容

（1）KC05 集成移相触发电路的调试及工作波形测试。

（2）单相交流调压电路带电阻性负载，主电路工作波形测试。

（3）单相交流调压电路带电阻电感性负载，负载阻抗角测试及主电路工作波形测试。

三、预习要求

（1）阅读第 1 章中有关表 3-25 列出的挂件的内容。

（2）阅读电力电子技术教材中有关交流调压的内容，掌握交流调压的工作原理。

四、实验所需挂件及仪表

单相交流调压实验所需挂件及仪表见表 3-25。

表 3-25   单相交流调压实验所需挂件及仪表

序号	型号及名称	备 注
1	DJK01 电源控制屏	该控制屏包含"三相电源输出"等模块
2	DJK02 晶闸管主电路	该挂件包含"晶闸管""电感"等模块
3	DJK03-1 晶闸管触发电路	该挂件包含"单相调压触发电路"等模块
4	D42 三相可调电阻	负载电阻
5	双踪示波器	
6	万用表	

五、实验电路及原理

单相晶闸管交流调压器的主电路由两个反向并联的晶闸管组成，如图 3-10 所示。其中各电路元器件的情况如下：

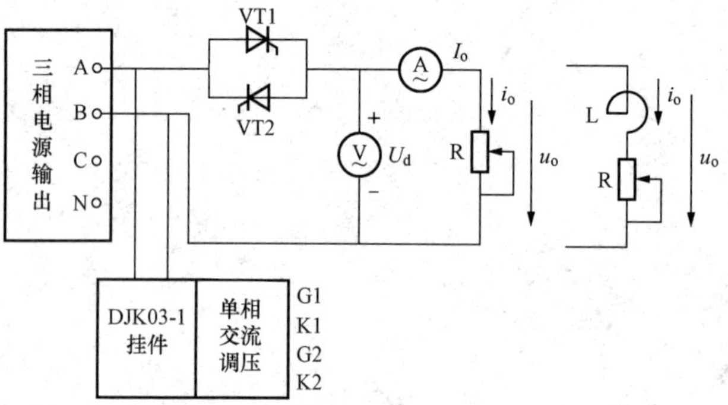

图 3-10 单相交流调压主电路原理图

三相电源输出——DJK01 挂件。

晶闸管——DJK02 挂件反桥中的任意 2 个。

注意：将所选晶闸管相应的触发脉冲的开关置 "断" 的位置，以防止误触发。

触发脉冲——DJK03-1 挂件单相交流调压触发电路。

负载 R——D42 挂件三相可调电阻中的任一相，将两个 900Ω 电阻接成并联形式。

电感 L——DJK02 挂件上的 700mH。

交流电压表、交流电流表——DJK01 挂件。

本实验采用 KC05 晶闸管集成移相触发器。该触发器适用于双向晶闸管或两个反向并联晶闸管电路的交流相位控制，具有锯齿波线性好、移相范围宽、控制方式简单、易于集中控制、有失交保护、输出电流大等优点。

六、实验方法

1. KC05 集成晶闸管移相触发电路调试

将 DJK01 电源控制屏的电源选择开关打到 "直流调速" 侧使输出线电压为 200V。用两根导线将 200V 交流电压接到 DJK03-1 外接 220V 端，按下 "启动" 按钮，打开 DJK03-1 电源开关，用示波器观察单相交流调压触发电路 1~5 端输出脉冲的波形。调节 DJK03-1 挂件上的电位器 RP1，观察锯齿波斜率是否变化；调节 RP2，观察输出脉冲的移相范围如何变化，移相能否达到 170°，记录上述过程中观察到的各点电压波形。

2. 单相交流调压带电阻性负载

将 DJK02 面板上的两个晶闸管反向并联而构成交流调压器，将触发器的输出脉冲端 "G1" "K1" "G2" "K2" 分别接至主电路相应晶闸管的门极和阴极。接上电阻性负载，用示波器观察负载电压 u_o、晶闸管两端电压 u_{VT} 的波形。调节 "单相调压触发电路" 上的电位器 RP2，观察并记录 $\alpha = 60°$、120° 时的输出电压 u_o、晶闸管两端电压 u_{VT} 的波形于表 3-26 中，并记录 $\alpha = 30°$、60°、90°、120° 时 U_o 的数值于表 3-27 中。

表 3-26   单相交流调压电阻性负载 u_o 和 u_{VT} 波形

α	60°	120°
u_o		
u_{VT}		

表 3-27   单相交流调压带电阻性负载测量结果

α	30°	60°	90°	120°
U_1（V）				
U_o（记录值）（V）				
U_o（计算值）（V）				

注　$U_o = U_1 \sqrt{\dfrac{1}{2\pi} \sin 2\alpha + \dfrac{\pi - \alpha}{\pi}}$。

3. 单相交流调压带电阻电感性负载

（1）在进行电阻电感性负载实验时，需要调节负载阻抗角的大小，因此应该知道电抗器的内阻和电感量。常采用直流伏安法来测量内阻，如图 3-11 所示。电抗器的内阻为

$$R_L = U_L / I \tag{3-3}$$

此外，也可用万用表欧姆挡直接测电抗器的内阻。

电抗器的电感量可采用交流伏安法测量，如图 3-12 所示。由于电流大时，对电抗器的电感量影响较大，采用自耦调压器调压，多测几次取其平均值，从而可得到交流阻抗，即

$$Z = U_L / I \tag{3-4}$$

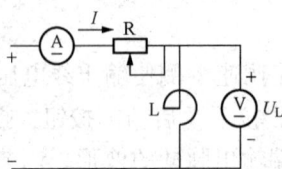

图 3-11　用直流伏安法测电抗器内阻　　　　图 3-12　用交流伏安法测定电感量

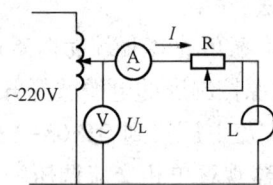

电抗器的电感为

$$L = \frac{\sqrt{Z^2 - (R + R_L)^2}}{2\pi f} \tag{3-5}$$

负载阻抗角为

$$\varphi = \arctan \frac{\omega L}{R + R_L} \tag{3-6}$$

调节 R 的数值并记录，将测量及测算结果记入表 3-28 中。

表 3-28　　　　　　　　　　　　　电抗器参数测量　　　　　　　　　（R＝　　　Ω）

	R_L 的测量			Z_L 的测量			φ 测算值（°）
	U_L（V）	I（A）	R_L 测算值（Ω）	U_L（V）	I（A）	Z_L 测算值（Ω）	
第一次测量							
第二次测量							
第三次测量							

注　测量 R_L 时，要用直流电源、直流电压表、直流电流表。
　　测量 Z_L 时，要用交流电源、交流电压表、交流电流表。

在实验中，欲改变阻抗角，只需改变滑线变阻器 R 的电阻值即可。

（2）切断电源，将 L 与 R 串联，改接为电阻电感性负载。按下"启动"按钮，用双踪示波器同时观察负载电压 u_o 和负载电流 i_o 的波形。R 取步骤（1）中的数值，使阻抗角为一定值，观察在不同 α 角时波形的变化情况，记录 $\alpha > \varphi$、$\alpha = \varphi$、$\alpha < \varphi$ 三种情况下负载两端的电压 u_o 和流过负载的电流 i_o 波形于表 3-29 中。

表 3-29   单相交流调压阻感负载 u_o 和 i_o 波形

	$\alpha > \varphi$	$\alpha = \varphi$	$\alpha < \varphi$
u_o 波形			
i_o 波形			

七、注意事项

(1) 可参考本章实验 1 的注意事项。

(2) 触发脉冲是从外部接入 DJK02 面板上晶闸管的门极和阴极，此时，应将所用晶闸管对应的正桥触发脉冲或反桥触发脉冲的开关拨向 "断" 的位置，并将 U_{lf} 及 U_{lr} 悬空，避免误触发。

(3) 由于 "G" "K" 输出端有电容影响，故观察触发脉冲电压波形时，需将输出端 "G" 和 "K" 分别接到晶闸管的门极和阴极（或者也可用约 100Ω 的电阻接到 "G" "K" 两端，来模拟晶闸管门极与阴极的阻值）；否则，无法观察到正确的脉冲波形。

八、触发电路

本实验也可使用 DJK02-3 三相数字晶闸管触发电路。使用三相数字晶闸管触发电路的触发脉冲时，要选用两个反相的触发脉冲及相应的晶闸管，如 1′ 和 4′（此时要选用 AB 相线电压，或 A 相相电压），或 3′ 和 6′（此时要选用 BC 相线电压，或 B 相相电压）、5′ 和 2′（此时要选用 CA 相线电压，或 C 相相电压）。

单相交流调压使用 DJK02-3 三相数字晶闸管触发电路触发时，触发脉冲相位 α_r 需要修正，修正的情况请参见实验 1 "八、触发电路" 部分。

九、实验报告

(1) 整理、画出实验中所记录的各类波形。

(2) 分析电阻电感性负载时，α 角与 φ 角相应关系的变化对调压器工作的影响。

(3) 分析实验中出现的各种问题。

十、思考题

(1) 交流调压在带电感性负载时可能会出现什么现象？为什么？如何解决？

(2) 交流调压有哪些控制方式？有哪些应用场合？

(3) 如何用双踪示波器同时观察负载电压 u_o 和负载电流 i_o 的波形？

(4) 使用 DJK02-3 三相数字晶闸管触发电路时，如何对触发脉冲的相位 α_r 进行修正？

十一、相关知识

工业电炉的温度控制、三相异步电动机的软启动及调压调速、供用电系统对无功功率的连续调节、在高压小电流或低压大电流直流电源中调节变压器一次侧电压等，都需要交流调压电路。

　　交流调压电路有相位控制、通断控制两种控制方式。本实验采用相位控制方式，其控制对象是电路输出电压的有效值。通断控制主要用于工业电炉的温度控制，其控制对象是电路的平均输出功率，这种控制方式不会对电网造成通常意义上的谐波污染。

　　还有一种采用全控型电力电子器件的交流调压电路——斩控式交流调压电路，该电路不产生低次谐波。

　　工业用电设备多为三相用电设备，相应地需要三相交流调压电路。单相交流调压电路是三相交流调压电路的基础。

实验 6 单相斩控式交流调压

一、实验目的

(1) 熟悉单相斩控式交流调压电路的工作原理，初步了解 PWM 控制技术。

(2) 了解单相斩控式交流调压控制集成芯片的使用方法与输出波形。

二、实验内容

(1) 观察控制电路的各个波形。

(2) 测试单相斩控式交流调压电路的性能。

三、预习要求

(1) 阅读第 1 章中有关表 3-30 所列挂件的内容。

(2) 阅读电力电子技术教材中有关斩控式交流调压电路的内容，了解其特性。

四、实验所需挂件及仪表

单相斩控式交流调压电路实验所需挂件及仪表见表 3-30。

表 3-30　　　　　　　　　单相斩控式交流调压实验所需挂件及仪表

序号	型号及名称	备　注
1	DJK01 电源控制屏	该控制屏包含"三相电源输出"等模块
2	DJK21 斩控式交流调压电路	斩控式交流调压主电路、控制电路、负载
3	双踪示波器	
4	万用表	

五、实验电路及原理

单相斩控式交流调压主电路原理如图 3-13 所示。

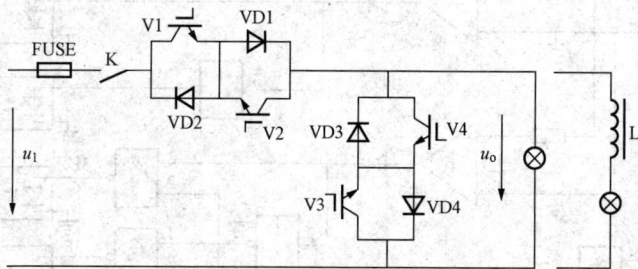

图 3-13　单相斩控式交流调压主电路原理图

斩控式交流调压的基本原理和直流斩波电路类似，只是直流斩波电路的输入是直流电压，而斩控式交流调压电路输入的是正弦交流电压。在交流电源 u_1 的正半周，用 V1 进行斩波控制，用 V3 给负载电流提供续流通道；在 u_1 的负半周，用 V2 进行斩波控制，用 V4 给负载电流提供续流通道。设斩波器件 V1、V2 的导通时间为 t_{on}，开关周期为 T，则导通比为 $\alpha = t_{on}/T$，与直流斩波电路相同，通过对 α 的调节可以调节输出电压 u_o 的大小。

电阻负载时负载电压 u_o 和电源电流 i_1（也就是负载电流）的波形如图 3-14 所示。可以看出，电源电流的基波分量是与电源电压同相位的，即位移因数为1。电源电流不含低次谐波，只含与开关周期 T 有关的高次谐波，这些高次谐波用很小的滤波器即可滤除，这时电路的功率因数接近于1。

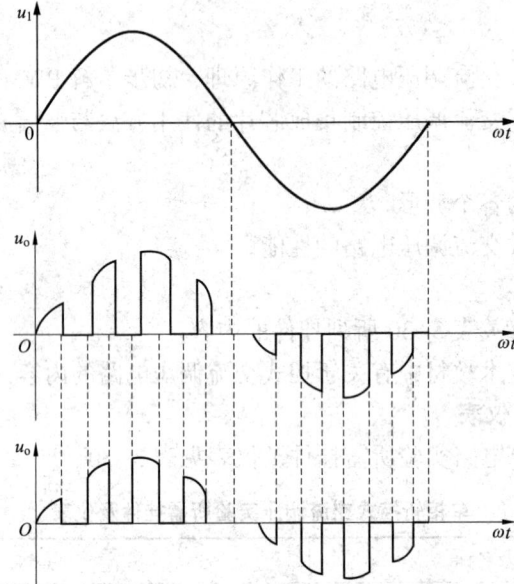

图 3-14　电阻负载斩控式交流调压电路波形

　　单相斩控式交流调压控制电路原理图如图 3-15 所示，变压器用于提供主电路与控制电路的同步信号。PWM 占空比产生电路使用美国 Silicon General 公司生产的专门 PWM 集成芯片 SG3525A，其内部电路结构及各引脚功能请参见 1.12 节 "DJK20 挂件（直流斩波实验）"。

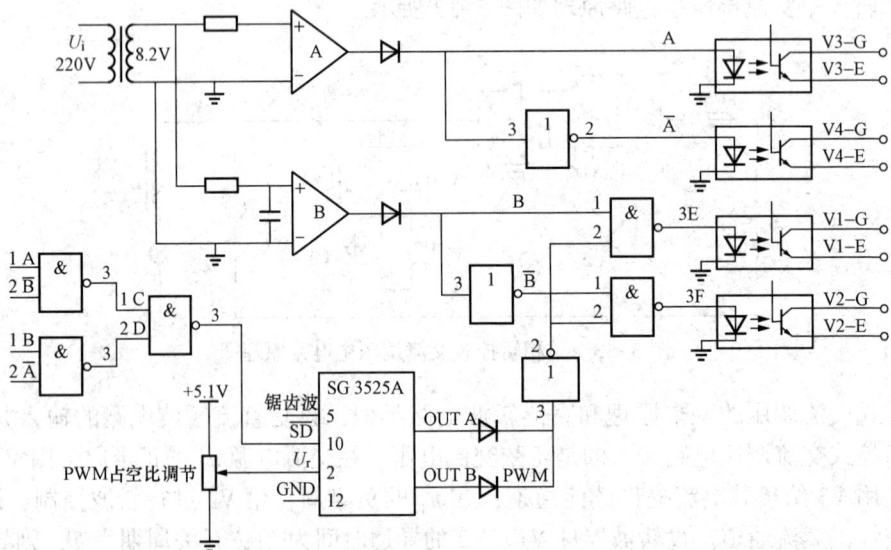

图 3-15　单相斩控式交流调压控制电路原理图

在交流电源 u_1 的正半周，运算放大器 A 和 B 都输出正向饱和电压，使 V3-G 与 V3-E 间有正向电压输出，为 V3 提供导通所需的控制信号；使 V1-G 与 V1-E 间有 PWM 集成芯片 SG3525A 产生的 PWM 控制信号，对 V1 进行 PWM 控制。在交流电源 u_1 的负半周，运算放大器 A 和 B 都输出反向饱和电压，使 V4-G 与 V4-E 间有正向电压输出，为 V4 提供导通所需的控制信号；使 V2-G 与 V2-E 间有 PWM 集成芯片 SG3525A 产生的 PWM 控制信号，对 V2 进行 PWM 控制。

六、实验方法

1. 观察控制电路波形

断开主电路中的开关 K，使主电路无电。接通电源开关，用双踪示波器观察控制电路的波形，并记录参数于表 3-31 中。

表 3-31　　　　　　　　　　控制信号波形观测结果

	波形	幅度（V）	周期（ms）	脉宽（ms）
观察孔 1（A）				—
观察孔 4				
观察孔 2（$\overline{A}$）				—
观察孔 3				

2. 测试交流调压性能

（1）接入电阻负载（220V/25W 的白炽灯），接通开关 K，调节 PWM 占空比调节电位器，改变导通比 α（即改变 U_r 值），使负载电压由小增大，记录输出电压的波形，并测量输出电压 U_o，并记录于表 3-32 中。

表 3-32　　　　　　　　　　不同负载时的输出电压 U_o　　　　　　（V）

U_r（V）				
电阻负载				
阻感负载				

（2）接入电阻、电感性负载（即与白炽灯串接一个电感作为负载），重复上述实验步骤。

观察并记录输出电流的波形。

七、思考题

（1）比较斩控式交流调压电路与相控交流调压电路的调压原理、特征及其功率因数。

（2）采用何种方式可提高斩控式交流调压电路输出电压的稳定度?

（3）斩控式交流调压电路输出电压的谐波成分如何?

（4）用什么电压表或用万用表的哪一挡测量 U_r 值、输出电压 U_o 值?

八、实验报告

（1）在方格纸上画出 V1、V2、V3、V4 各控制信号的波形，说明其间的时序特性。

（2）画出两种负载情况下输出电压的波形，比较其异同，并进行分析说明。

（3）画出阻感负载情况下输出电流的波形，并作说明。

九、注意事项

观察控制信号时必须将主电路的开关 K 打在 "断" 的状态。

主电路的交流电源由挂件 DJK21 提供，不需要外部接入，以保证主电路的电源与控制信号同步。主电路的开关 K 串接在电源开关之后。为了能同时观察两路控制信号之间的相位关系，在观察控制信号时必须将开关打在"断"的状态。

实验 7　三 相 交 流 调 压

一、实验目的
（1）加深理解三相交流调压电路的工作原理。
（2）了解三相交流调压电路带不同负载时的工作特性。

二、实验内容
（1）三相交流调压器触发电路的调试及工作波形测试。
（2）三相交流调压电路带电阻性负载，主电路工作波形测试。
（3）三相交流调压电路带电阻电感性负载（选做），负载阻抗角测试及主电路工作波形测试。

三、预习要求
（1）阅读电力电子技术教材中有关交流调压的内容，掌握三相交流调压的工作原理。
（2）了解如何使三相可控整流的触发电路用于三相交流调压电路。

四、实验所需挂件及仪表
三相交流调压实验所需挂件及仪表见表 3-33。

表 3-33　　　　　　　　　　三相交流调压实验所需挂件及仪表

序号	型号及名称	备　注
1	DJK01 电源控制屏	该控制屏包含"三相电源输出""励磁电源"等模块
2	DJK02 晶闸管主电路	该挂件包含"晶闸管""电感"等模块
3	DJK02-3 三相数字晶闸管触发电路	该挂件包含"触发电路""正反桥功放"等模块
4	D42 三相可调电阻	负载电阻
5	双踪示波器	
6	万用表	

五、实验电路及原理
三相晶闸管交流调压器的主电路由三组两两反向并联的晶闸管组成，如图 3-16 所示。其中各电路元器件的情况如下。

三相电源输出——DJK01 挂件。

晶闸管——DJK02 挂件的正桥，或反桥。

触发脉冲——DJK02-3 挂件的正桥脉冲输出（采用正桥时），或反桥脉冲输出（采用反桥时）。

注意：采用正桥脉冲输出时，必须将 U_{lf} 端接地；采用反桥脉冲输出时，必须将 U_{lr} 端接地。

负载 R——D42 挂件三相可调电阻，将两个 900Ω 电阻接成并联形式。

电感 L——DJK02 挂件上的 700mH 电感。

交流电压表、交流电流表——DJK01 挂件。

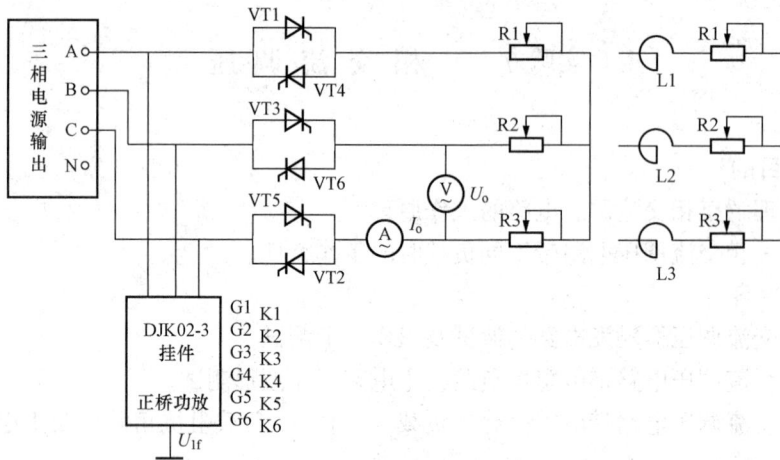

图 3-16　三相交流调压实验线路图

六、实验方法

1. DJK02 和 DJK02-3 上的"触发电路"调试

（1）打开 DJK01 总电源开关，操作"电源控制屏"上的"三相电网电压指示"开关，观察输入的三相电网电压是否平衡。

（2）将 DJK01"电源控制屏"上"调速电源选择开关"拨至"直流调速"侧。

（3）用 10 芯的扁平电缆将 DJK02 的"三相同步信号输出"端和 DJK02-3"三相同步信号输入"端相连。

（4）用 8 芯的扁平电缆将 DJK02-3 面板上"触发脉冲输出"和"触发脉冲输入"相连，使得触发脉冲加到正、反桥功放的输入端。

（5）采用正桥中的晶闸管时，将 DJK02-3 面板上的 U_{lf} 端接地，用 20 芯的扁平电缆将 DJK02-3 的"正桥触发脉冲输出"端和 DJK02"正桥触发脉冲输入"端相连，并将 DJK02"正桥触发脉冲"的 6 个开关拨至"通"，用示波器观测正桥晶闸管 VT1～VT6 门极和阴极之间的触发脉冲是否正常。

采用反桥中的晶闸管时，则将 U_{lr} 端接地，将上述的"正桥"全部改为"反桥"。

2. 三相交流调压器带电阻性负载

使用正桥晶闸管 VT1～VT6，按图 3-16 连成三相交流调压主电路，其触发脉冲已通过内部连线接好，只要将正桥脉冲的 6 个开关拨至"接通"，"U_{lf}"端接地即可（采用反桥中的晶闸管时，则将反桥脉冲的 6 个开关拨至"接通"，U_{lr} 端接地）。接上三相平衡电阻负载，接通电源，用示波器观察并记录 $\alpha=30°$、$60°$、$90°$、$120°$、$150°$ 时的输出电压波形于表 3-34 中记录相应的输出电压有效值于表 3-35。

表 3-34

α	30°	60°	90°	120°	150°
电阻性负载输出电压 u_o					
电阻电感性负载输出电压 u_o					—
电阻电感性负载输出电流 i_o					—

表 3-35		三相交流调压带电阻性负载测量结果		
α	30°	60°	90°	120°	150°
u_o (V)					

3. 三相交流调压器接电阻电感性负载（选做）

要完成该实验，需加上 3 个电抗器，如图 3-16 所示。切断电源输出，将三相电抗器接入。接通电源，调节三相负载的阻抗角（调节电阻阻值即可），使 $\varphi = 60°$，用示波器观察并记录 $\alpha = 30°$、60°、90° 及 120° 时输出电压 u_o、电流 i_o 的波形于表 3-34 中，记录输出电压有效值 U_o 于表 3-36 中。

表 3-36		三相交流调压带阻感负载测量结果	
α	30°	60°	90°	120°
u_o (V)				

负载阻抗角 φ 的大小由电抗器的参数和电阻阻值共同决定，电抗器参数的测算方法、阻抗角 φ 的计算方法请参见实验 5。

七、注意事项

可参考本章实验 1 的注意事项。

八、实验报告

（1）整理并画出实验中记录的波形，作不同负载时的 $U_o = f(\alpha)$ 曲线。

（2）讨论、分析实验中出现的各种问题。

实验 8　IGBT 特性及其驱动与保护电路

一、实验目的
（1）掌握 IGBT 的工作特性。
（2）掌握 IGBT 对触发信号以及驱动与保护电路的要求。
（3）了解 IGBT 驱动与保护电路的结构及特点。
（4）认识由 IGBT 构成的 PWM 直流斩波电路的原理与方法。

二、实验内容
（1）绝缘栅双极晶体管（IGBT）特性测试。
（2）IGBT 及其驱动与保护电路的研究。

三、预习要求
（1）阅读第 1 章中有关表 3-37 列出的挂件的内容。
（2）阅读电力电子技术教材中有关电力电子器件特性、驱动与保护的章节。

四、实验所需挂件及仪表
IGBT 特性及其驱动与保护电路实验所需挂件及仪表见表 3-37。

表 3-37　　　　　IGBT 特性及其驱动与保护电路实验所需挂件及仪表

序号	型号及名称	备　注
1	DJK01 电源控制屏	该控制屏包含"三相电源输出"等模块
2	DJK06 给定及实验器件	给定及实验器件
3	DJK07A　IGBT 特性及驱动保护电路	
4	DJK09 单相调压与可调负载	该挂件包含"单相自耦调压器""整流与滤波""可调电阻"等模块
5	万用表	

五、实验电路及原理
1. IGBT 特性实验

IGBT 特性测试电路原理图如图 3-17 所示。其中各电路元器件的情况如下：

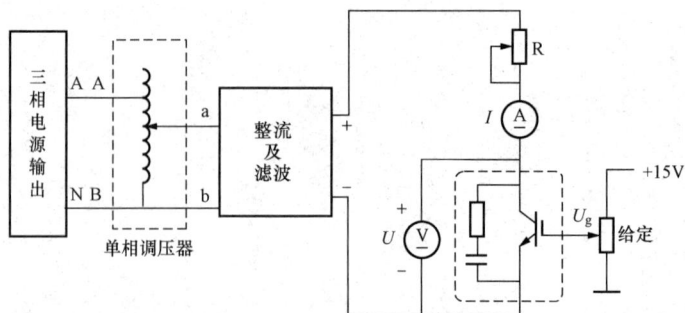

图 3-17　IGBT 特性实验原理图

三相电源输出——DJK01 挂件；

单相调压器、整流及滤波电路、限流电阻 R——DJK09 挂件，R 用 DJK09 上的可调电阻负载，将两个 90Ω 的电阻接成串联形式，最大可通过电流为 1.3A；

IGBT——DJK07A 挂件；

给定——DJK06 挂件；

直流电压表、直流电流表——DJK01 或 DJK02 挂件。

2. IGBT 驱动与保护电路实验

IGBT 驱动与保护电路原理图如图 3-18 所示。其中各电路元器件的情况如下：

励磁电源——DJK01 挂件；

限流电阻 R——DJK09 挂件，R 用 DJK09 上的可调电阻负载，将两个 90Ω 电阻接成串联形式，最大可通过电流为 1.3A；

PWM 信号发生器、IGBT 驱动与保护电路、20V 直流稳压电源、IGBT——DJK07A 挂件；

直流电压表、直流电流表——DJK01 或 DJK02 挂件。

图 3-18 所示电路实际上是一种 PWM 直流斩波电路，限流电阻 R 相当于直流斩波电路的负载。

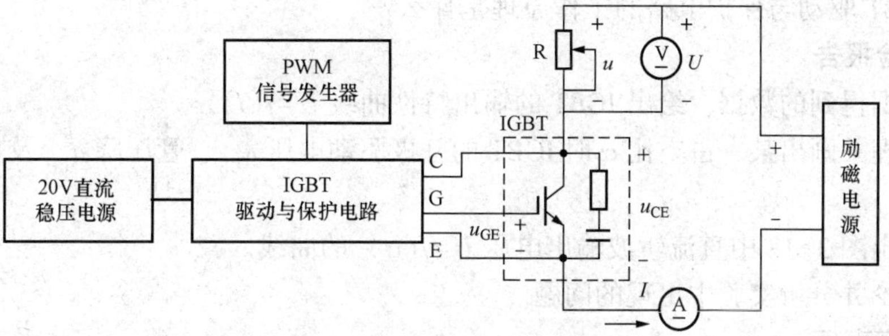

图 3-18   IGBT 驱动与保护电路原理图

六、实验方法

1. IGBT 特性实验

按图 3-17 接线，先将 IGBT 接入主电路，在实验开始时，将 DJK06 上的给定电位器 RP1 沿逆时针旋到底，S1 拨到"正给定"侧，S2 拨到"给定"侧，单相调压器逆时针调到底，DJK09 上的可调电阻调到阻值为最大的位置。打开 DJK06 的电源开关，按下控制屏上的"启动"按钮，然后缓慢调节调压器，同时监视电压表的读数，当直流电压升到 40V 时，停止调节单相调压器（在以后的其他实验中，均不用调节）；调节给定电位器 RP1，逐步增加给定电压，监视电压表、电流表的读数，当电压表指示接近零（表示管子完全导通），停止调节，记录给定电压 U_g 调节过程中回路电流 I 及器件的管压降 U 于表 3-38。

表 3-38   IGBT 特性实验测试结果

U_g (V)									
I (mA)									
U (V)									

2. IGBT 驱动与保护电路实验

实验时应先检查驱动与保护电路的工作情况。在未接通主电路的情况下，将 PWM 波形发生器的输出端和驱动与保护电路的输入端连接，并接通驱动与保护电路的电源，此时可在驱动与保护电路的输出端观察到 IGBT 基极的驱动电压波形 u_{GE}。调节 PWM 波形发生器的频率，调节电位器 RW2，使 u_{GE} 方波的输出频率在 8~10kHz 范围内；调节占空比调节电位器 RW1，观测 PWM 输出波形 u_{GE} 的变化规律。

在驱动电路正常工作后，将占空比调小，然后合上主电路电源开关，再调节占空比，用示波器观测、记录不同占空比时 IGBT 基极的驱动电压 u_{GE}、管压降 u_{CE} 及负载电压 u 的波形。测定并记录不同占空比 α 时限流电阻的电压平均值 U 于表 3-39 中。

表 3-39   **IGBT 驱动与保护电路实验测试结果**

α						
U（V）						

七、思考题

（1）IGBT 对触发脉冲的要求是什么？

＊（2）IGBT 驱动与保护电路的工作原理是什么？

八、实验报告

（1）根据得到的数据，绘出 IGBT 的输出特性曲线 $U=f(I)$。

（2）整理并画出某一占空比 α 时 IGBT 的基极驱动电压 u_{GE}、管压降 u_{CE} 及负载电压 u 的波形。

（3）画出图 3-18 中直流斩波输出电压 $U=f(\alpha)$ 的曲线。

（4）讨论并分析实验中出现的问题。

九、注意事项

（1）可参考本章实验 1 的注意事项。

（2）为保证功率器件在实验过程中避免功率击穿，应保证管子的功率损耗（即功率器件的管压降与器件流过的电流乘积）小于 8W。

（3）IGBT 特性实验是关于器件的伏安特性的实验项目，教学时可以根据实际需要进行调整，如可增加测量器件的导通时间等实验项目。

（4）IGBT 驱动与保护电路实验开始前，必须先加上自关断器件的控制电压，然后再加主回路的电源；实验结束时，必须先切断主回路电源，然后再切断控制电源。

实验 9 直流斩波电路的性能研究（六种典型线路）

一、实验目的
（1）熟悉直流斩波电路的工作原理。
（2）熟悉各种直流斩波电路的组成及其工作特点。
（3）了解 PWM 控制与驱动电路的原理及其常用的集成芯片。

二、实验内容
（1）控制与驱动电路的测试。
（2）六种直流斩波器的测试。

三、预习要求
（1）阅读电力电子技术教材中有关直流斩波的内容。
（2）阅读 1–12 节"DJK20 挂件（直流斩波实验）"中 PWM 控制集成电路的内容。

四、实验所需挂件及仪表
直流斩波电路实验所需挂件及仪表见表 3–40。

表 3–40   直流斩波电路实验所需挂件及仪表

序号	型号及名称	备　注
1	DJK01 电源控制屏	该控制屏包含"三相电源输出"等模块
2	DJK09 单相调压与可调负载	该挂件包含"单相自耦调压器""整流与滤波""可调电阻"等模块
3	DJK20 直流斩波实验	该挂件包含"主电路元器件""整流电路""控制与驱动电路""PWM 脉宽调节"等模块
4	D42 三相可调电阻	负载电阻
5	双踪示波器	
6	万用表	

五、实验电路及原理
1. 斩波电路的直流电源
斩波电路直流电源的实验原理图如图 3–19 所示。图中各电路组成部分的情况如下：
三相电源输出——DJK01 挂件；
单相调压器、整流滤波电路——DJK09 挂件；
直流电压表——DJK01 挂件。
注意：该装置限定直流输出最大值为 50V，
对应输入交流电压的大小由单相调压器调节。

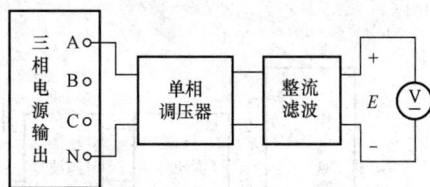
图 3–19 斩波电路的直流电源

2. 降压斩波电路（Buck Chopper）
降压斩波电路的原理图如图 3–20 所示。在图 3–19 的基础上各电路元器件的情况如下：
IGBT 的控制与驱动电路——DJK20 挂件；

IGBT、二极管 VD、电抗器 L、电容器 C——DJK20 挂件；

负载 R——DJK09 挂件；

直流电压表、直流电流表——DJK02 挂件。

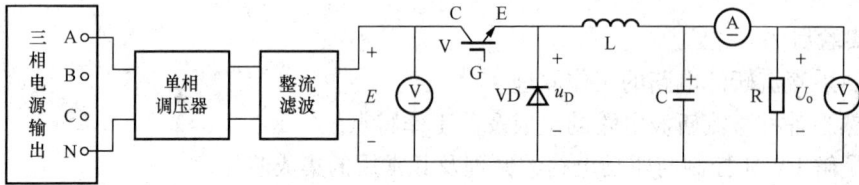

图 3-20　降压斩波电路的原理图

降压斩波电路的工作原理可参见电力电子技术教材的有关内容。降压斩波电路的输出电压为

$$U_o = \alpha E$$

式中：α 为 PWM 控制信号的占空比。

3. 升压斩波电路（Boost Chopper）

升压斩波电路的实验原理图如图 3-21 所示。图中各电路元器件的情况与图 3-20 的相同。

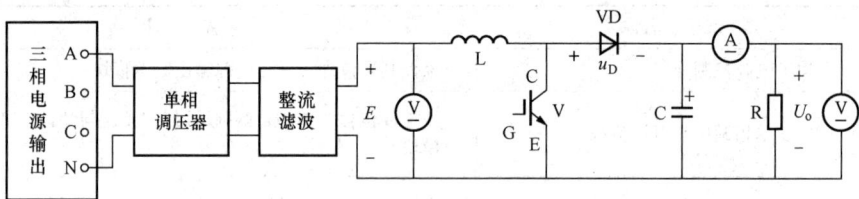

图 3-21　升压斩波电路的原理图

升压斩波电路的工作原理可参见电力电子技术教材的有关内容。升压斩波电路的输出电压为

$$U_o = \frac{1}{1 - \alpha} E$$

4. 升降压斩波电路（Boost-Buck Chopper）

升降压斩波电路的实验原理图如图 3-22 所示。图中各电路元器件的情况与图 3-20 的相同。

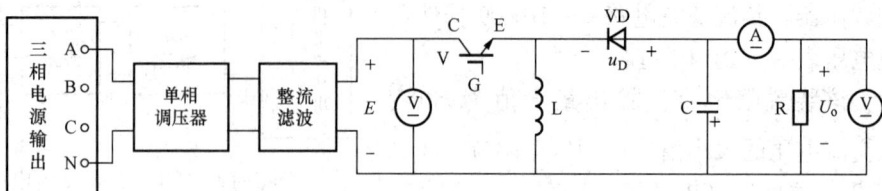

图 3-22　升降压斩波电路的原理图

升降压斩波电路的工作原理可参见电力电子技术教材的有关内容。升降压斩波电路及后

述的 Cuk 斩波电路、Sepic 斩波电路、Zeta 斩波电路的输出电压皆为

$$U_{o} = \frac{\alpha}{1-\alpha}E$$

当 0<α<0.5 时为降压，当 0.5<α<1 时为升压。

5. Cuk 斩波电路

Cuk 斩波电路的原理图如图 3-23 所示。图中各电路元器件的情况与图 3-20 的相同。

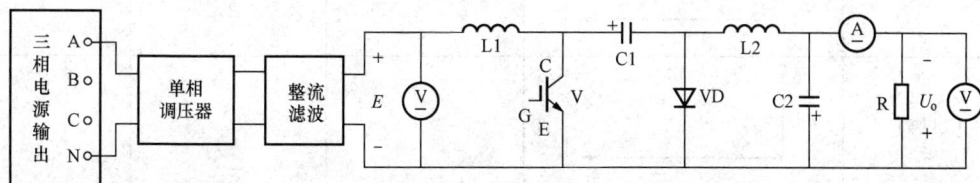

图 3-23 Cuk 斩波电路原理图

Cuk 斩波电路的工作原理可参见电力电子技术教材的有关内容。

6. Sepic 斩波电路

Sepic 斩波电路的原理图如图 3-24 所示。图中各电路元器件的情况与图 3-20 相同。

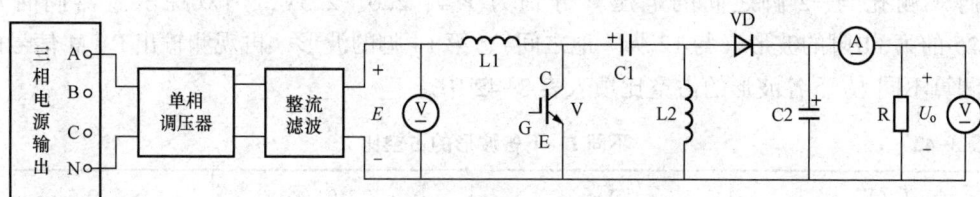

图 3-24 Sepic 斩波电路原理图

Sepic 斩波电路的工作原理可参见电力电子技术教材的有关内容。

7. Zeta 斩波电路

Zeta 斩波电路原理图如图 3-25 所示。图中各电路元器件的情况与图 3-20 的相同。

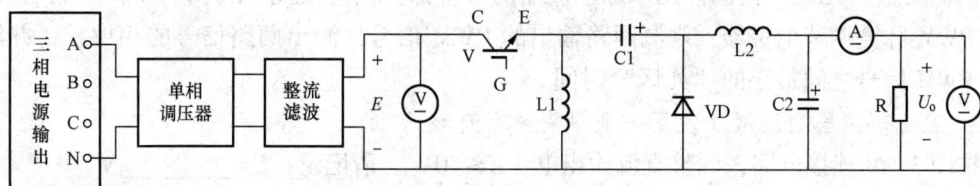

图 3-25 Zeta 斩波电路原理图

Zeta 斩波电路的工作原理可参见电力电子技术教材的有关内容。

六、实验方法

1. 控制与驱动电路的测试

（1）启动实验装置电源，开启 DJK20 控制电路电源开关。

（2）观测 PWM 信号。用双踪示波器同时观测 SG3525 的第 11 脚 A 的波形（与 12 脚一

地之间）、第 14 脚 B 的波形，再观测输出 PWM 信号的波形，记录其波形类型、频率和幅值，并填入表 3-41 中。

表 3-41　　　　　　　　　　　　　　控 制 信 号 观 测

观测点	波　形	波形类型	幅值（V）	频率 f（Hz）
A（11 脚）				
B（14 脚）				
PWM				

（3）调节 DJK20 挂件左下角的 PWM 脉宽调节电位器，改变 U_r（PWM 控制芯片 SG3525 的 2 脚观测孔与 12 脚之间的电压）分别为 1.4、2.0、2.5V，用双踪示波器同时观测 SG3525 的第 11 脚的波形（与 12 脚—地之间）、第 14 脚的波形，再观测输出 PWM 信号的波形，测算不同 U_r 下各波形的占空比填入表 3-42 中。

表 3-42　　　　　　　　　　　　不同 U_r 下各波形的占空比

U_r（V）	1.4	2.0	2.5
11（A）占空比（%）			
14（B）占空比（%）			
PWM 占空比（%）			

（4）测量"死区"时间。用双踪示波器的两个探头同时观测 11 脚和 14 脚的输出波形，调节 PWM 脉宽调节电位器，观测两路输出的 PWM 信号，测出两路信号的相位差，并测出两路 PWM 信号之间最小的"死区"时间。

2. 直流斩波器的测试（使用一个探头观测波形）

按图 3-19 连接电路，调整直流输出电压 $E \leqslant 50V$。请记录：$E =$ _____ V。

按下列实验步骤依次对六种典型的直流斩波电路进行测试。

（1）切断电源，根据图 3-20～图 3-25，利用面板上的元器件连接好相应的斩波实验电路，并接上电阻负载，负载电流最大值限制在 200mA 以内。将控制与驱动电路的输出"V-G""V-E"分别接至 V 的 G 和 E 端。

（2）检查接线，尤其是电解电容的极性，确定无误后接通主电路和控制电路的电源。

（3）用示波器观测 PWM 信号的波形、电压 u_{GE} 的波形、u_{CE} 的波形及输出电压 u_o 和二极管两端电压 u_D 的波形，记录于表 3-43 中，注意各波形间的相位关系。

表 3-43　　　　　　　　　　　　波 形 记 录 表

观测点	波 形	观测点	波 形
PWM		u	
u_{GE}			
u_{CE}		u_D	

（4）调节 PWM 脉宽调节电位器改变 U_r，观测在不同占空比（α）时，记录 E、U_o、α 的数值于表 3-44 中，从而画出 $U_o = f(\alpha)$ 的关系曲线。

表 3-44　　　　　　　　　　　　测 量 结 果

U_r（V）	1.4	1.6	1.8	2.0	2.2	2.4	2.5
占空比 α（%）							
E（V）							
U_o（V）							

七、注意事项

（1）在主电路通电后，不能用示波器的两个探头同时观测主电路元器件之间的波形，否则会造成短路。

（2）用示波器两探头同时观测两处波形时，要注意共地问题，否则会造成短路；在观测高压时应衰减 10 倍；在做直流斩波测试实验时，最好使用一个探头。

八、实验报告

（1）整理各组实验数据绘制各直流斩波电路的 E/U_o-α 曲线，并作比较与分析。

（2）讨论、分析实验中出现的各种现象。

九、思考题

（1）"六、1.（3）"中的 U_r，可以用哪些仪表测量？

（2）如何用示波器观测输出 PWM 信号的波形？

（3）直流斩波电路的工作原理是什么？其有哪些结构形式和主要元器件？

（4）为什么在主电路工作时不能用示波器的双踪探头同时对两处波形进行观测？图 3-20 中输出电压 u_o 和二极管两端电压 u_D 的波形可以同时观测吗？为什么？

（5）如何用示波器观测图 3-20 中电抗器电流的波形？

（6）如何用双踪示波器同时观测图 3-21、图 3-22 中输出电压 u_o 和二极管两端电压 u_D 的波形？如何比较两个波形间的相位关系？

实验 10　单相正弦波脉宽调制（SPWM）逆变

一、实验目的

（1）熟悉单相交直交变频电路原理及电路组成。

（2）了解 ICL8038 的功能，掌握 SPWM 波产生的基本原理。

（3）分析交直交变频电路在不同负载时的工作情况和波形，并研究工作频率对电路工作波形的影响。

二、实验内容

（1）观测 SPWM 控制信号。

（2）观测单相正弦波脉宽调制（SPWM）逆变带电阻及电阻电感性负载时输出电压的波形。

三、预习要求

阅读电力电子技术教材中有关 SPWM 控制技术和交直交变频电路的内容。

四、实验所需挂件及仪表

单相正弦波脉宽调制（SPWM）逆变实验所需挂件及仪表见表 3-45。

表 3-45　　　　　　　　　　SPWM 逆变实验所需挂件及仪表

序号	型　　号	备　　注
1	DJK01 电源控制屏	该控制屏包含"三相电源输出"等模块
2	DJK09 单相调压与可调负载	该挂件包含"单相自耦调压器""整流与滤波""可调电阻"等模块
3	DJK14 单相交直交变频原理	该挂件包含"控制电路""驱动电路""主电路"等模块
4	双踪示波器	
5	万用表	

五、实验电路及原理

实验电路由主电路、驱动电路、控制电路三部分组成。

1. 主电路

主电路原理图如图 3-26 所示。图中各电路组成部分的情况如下：

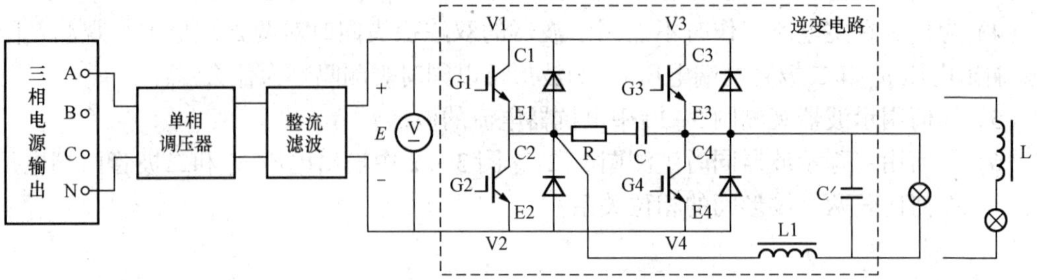

图 3-26　主电路结构原理图

三相电源输出——DJK01 挂件；

单相调压器、整流滤波电路——DJK09 挂件；

直流电压表——DJK01 挂件；

逆变电路及负载——DJK14 挂件。

注意：本实验中通过调节单相调压器输出的交流电压，维持整流滤波输出的直流电压为 200V。

逆变电路由四只 IGBT 管组成单相桥式逆变电路，采用双极性调制方式。输出经 LC 低通滤波器，滤除高次谐波，得到频率可调的正弦波（基波）交流输出。

本实验设计的负载为电阻性或电阻电感性负载。在满足一定条件下，可接电阻启动式单相鼠笼型异步电动机。

2. 驱动电路

如图 3-27（以其中一路为例）所示，驱电路采用 IGBT 管专用驱动芯片 M57962L，其输入端接控制电路产生的 SPWM 信号，其输出可用以直接驱动 IGBT 管。

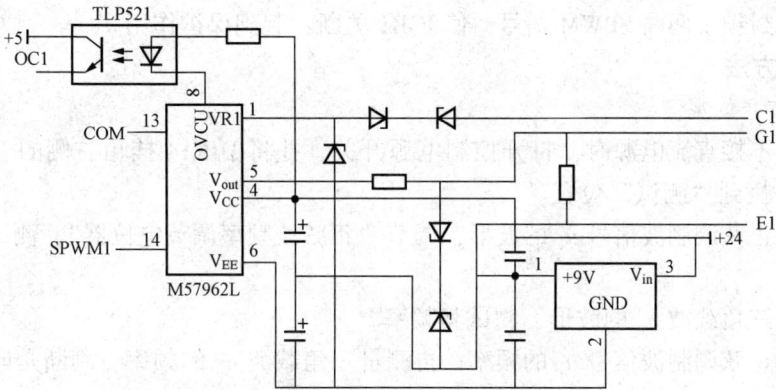

图 3-27　驱动电路结构原理图

驱动电路的特点如下：

（1）采用快速型的光耦实现电气隔离。

（2）具有过流保护功能，通过检测 IGBT 管的饱和压降来判断 IGBT 是否过流。过流时 IGBT 管 CE 结之间的饱和压降升到某一定值，使 8 脚输出低电平，在光耦 TLP521 的输出端 OC1 呈现高电平，经过流保护电路（见图 3-28），使 4013 的输出 Q 端呈现低电平，送控制电路，起到了封锁保护作用。

3. 控制电路

控制电路的结构框图如图 3-29 所示。它是以两片集成函数信号发生器 ICL8038 为核心组成，其中一片 8038 产生正弦调制波 u_r，另一片用以产生三角载波 u_c。将此两路信号经比较电路 LM311 异步调制后，产生一系列等幅不等宽的矩形波 u_m，即 SPWM 波。

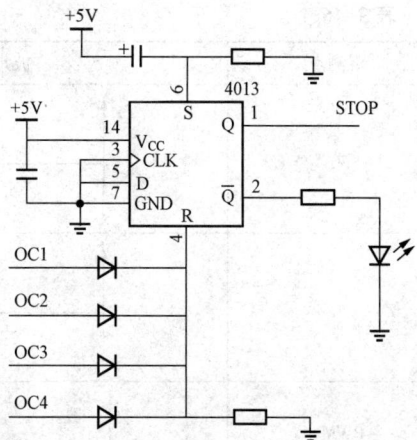

图 3-28　保护电路结构原理图

u_m 经反相器后，生成两路相位相差 180° 的 ±PWM 波，再经触发器 C04528 延时后，得到两路相位相差 180° 并带一定死区范围的两路 SPWM1 和 SPWM2 波，作为主电路中两对开关管 IGBT 的控制信号。各波形的观测点均已引到面板上，可通过示波器进行观测。

为了便于观察 SPWM 波，面板上设置了"测试"和"运行"选择开关。在"测试"状态下，三角载波 u_c 的频率为 180Hz 左右，此时通过示波器可比较清晰地观测 SPWM 波，但在此状态下不能带载运行，因载波比 N 太

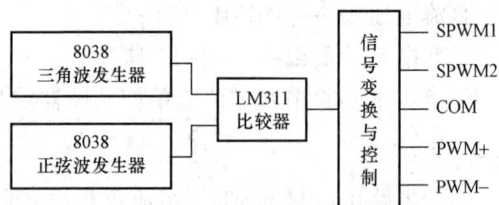

图 3-29　控制电路结构框图

低，不利于设备的正常运行。在"运行"状态下，三角载波 u_c 的频率为 10kHz 左右，因波形的宽窄快速变化致使无法用普通示波器观察到 SPWM 波形，通过带储存的数字示波器的存储功能可较清晰地观测 SPWM 波形。

正弦调制波 u_r 频率的调节范围设定为 5~60Hz。

控制电路还设置了过流保护接口端 STOP，当有过流信号时，STOP 呈低电平，经与门输出低电平，封锁了两路 SPWM 信号，使 IGBT 关断，起到保护作用。

六、实验方法

1. 控制信号的观测

在主电路不接直流电源时，打开控制电源开关，并将 DJK14 挂箱右侧的"测试""运行"选择开关拨到"测试"位置。

（1）观察正弦调制波信号 u_r 的波形，调节"正弦波频率调节电位器"，测试其频率可调范围。

（2）观察三角载波 u_c 的波形，测试其频率。

（3）改变正弦调制波信号 u_r 的频率，再测量三角载波 u_c 的频率，判断是同步调制还是异步调制。

（4）比较"PWM+""PWM-"和"SPWM1""SPWM2"的区别，仔细观测同一相上下两管驱动信号之间的死区延迟时间。

记录各波形于表 3-46 中。

表 3-46　　　　　　　　　　　波 形 记 录 表

观测点	波形	备注
u_r		u_r 频率可调范围
u_c		u_r 频率改变时 u_c 频率是否改变
PWM+		

观测点	波形	备注
PWM-		
SPWM1		
SPWM2		

2. 带电阻及电阻电感性负载

在实验步骤 1 之后，将 DJK14 挂箱面板左侧的钮子开关拨到"运行"位置，将正弦调制波信号 u_r 的频率调到最小，选择负载种类。

（1）按图 3-26 连接主电路，输出接灯泡负载。调节单相交流自耦调压器使其输出从 0 逐渐上升，使整流后输出直流电压保持为 200V。由小到大调节正弦调制波信号 u_r 的频率，观测负载电压的波形，记录其波形参数（幅值、频率）。

（2）负载改为灯泡与电感 L 串联，重复（1）步骤。

3. 带电动机负载（选做）

主电路输出接电阻启动式单相交流异步电动机，启动前必须先将正弦调制波信号 u_r 的频率调至最小；然后将主电路接通由 DJK09 提供的直流电源，并由小到大调节交流侧的自耦调压器输出的电压，观察电动机的转速变化；再逐步由小到大调节正弦调制波信号 u_r 的频率，用示波器观察负载电压的波形；同时用转速表测量电动机的转速的变化，并记录之。

七、注意事项

（1）双踪示波器有两个探头，可同时测量两路信号，但这两探头的地线都与示波器的外壳相连，所以两个探头的地线不能同时接在同一电路不同电位的两个点上，否则这两点会通过示波器外壳发生电气短路。为此，为了保证测量的顺利进行，可将其中一根探头的地线取下或外包绝缘，只使用其中一路的地线，这样从根本上解决了这个问题。当需要同时观察两个信号时，必须在被测电路上找到这两个信号的公共点，将探头的地线接于此处，探头各接至被测信号，只有这样才能在示波器上同时观察到两个信号，而不发生意外。

（2）在"测试"状态下，请勿带负载运行。"测试"和"运行"选择开关在"测试"状态下，三角载波 u_c 的频率为 180Hz 左右，此时可通过示波器较清楚地观察到异步调制的 SPWM 波，但在此状态下不能带负载运行，因载波比 N 太低，不利于设备的正常运行。在"运行"状态下，三角载波频率为 10kHz 左右，可负带载运行。

（3）面板上的"过流保护"指示灯亮，表明过流保护动作，此时应检查负载是否短路；若要继续实验，应先关机后，再重新开机。

（4）当做交流电动机变频调速时，通常是与调压一起进行的，以保持 $U/F =$ 常数，本装置是采用手动调节输入的交流电压。

八、思考题

（1）为了使输出波形尽可能地接近正弦波，可采取什么措施？

（2）调制波可否采用三角波？

（3）分析开关死区时间对输出的影响。（选做）

实验 11　PS-ZVS-PWM 软开关技术实验

一、实验目的

（1）熟悉移相控制零电压软开关 PWM（PS-ZVS-PWM）的结构与工作原理。

（2）了解全桥软开关电源移相 PWM 控制芯片的使用方法和工作原理。

二、实验内容

（1）控制电路的波形测试，u_{GS} 和 u_{DS} 的波形测试。

（2）调节输入电压，观察控制电路的波形变化情况。

三、预习要求

阅读电力电子技术教材中有关 PS-ZVS-PWM 零电压软开关技术的内容。

四、实验所需挂件及仪表

PS-ZVS-PWM 软开关技术实验所需挂件及仪表见表 3-47。

表 3-47　　　　　　　　　PS-ZVS-PWM 软开关技术实验所需挂件及仪表

序号	型号及名称	备　　注
1	DJK01 电源控制屏	该控制屏包含"三相电源输出"等模块
2	DJK24 PS-ZVS-PWM 零电压软开关	该挂件包含"主电路""控制电路"等模块
3	双踪示波器	
4	万用表	

五、实验电路及原理

实验电路如图 3-30 所示，主要由控制电路、驱动电路、移相控制零电压开关 PWM（PS-ZVS-PWM）变换器和稳压反馈电路等几部分组成。

1. PS-ZVS-PWM 零电压软开关变换器简介

PS-ZVS-PWM 变换器利用变压器的漏感或一次侧串联电感和功率管的寄生电容或外接电容来实现零电压开关，它的主电路结构及主要波形如图 3-31 所示。

在图 3-31（a）主电路结构中，VD1～VD4 分别是功率管 VT1～VT4 的内部寄生二极管，C1～C4 分别是 VT1～VT4 的寄生电容或外接电容。Lr 是谐振电感，它包括了变压器的漏感。每个桥臂的两个功率管（VT1、VT3 和 VT4、VT2）成 180°互补导通，两个桥臂的导通角相差一个相位，即移相角，通过调节移相角的大小来调节输出电压。VT1 和 VT3 分别超前于 VT4 和 VT2 一个相位，称 VT1 和 VT3 组成的桥臂为超前桥臂，VT4 和 VT2 组成的桥臂为滞后桥臂。

在一个开关周期中，PS-ZVS-PWM 全桥变换器有十二种开关状态。假设：

（1）所有元器件均为理想器件；

（2）$C_1 = C_3 = C_{lead}$，$C_2 = C_4 = C_{lag}$；

（3）$L_f \gg L_r / K^2$，其中 K 为变压器一、二次匝数比，L_f 为输出电感。

图 3-32～图 3-38 给出了该变换器在不同开关状态下的等效电路。各开关状态的工作情况描述如下：

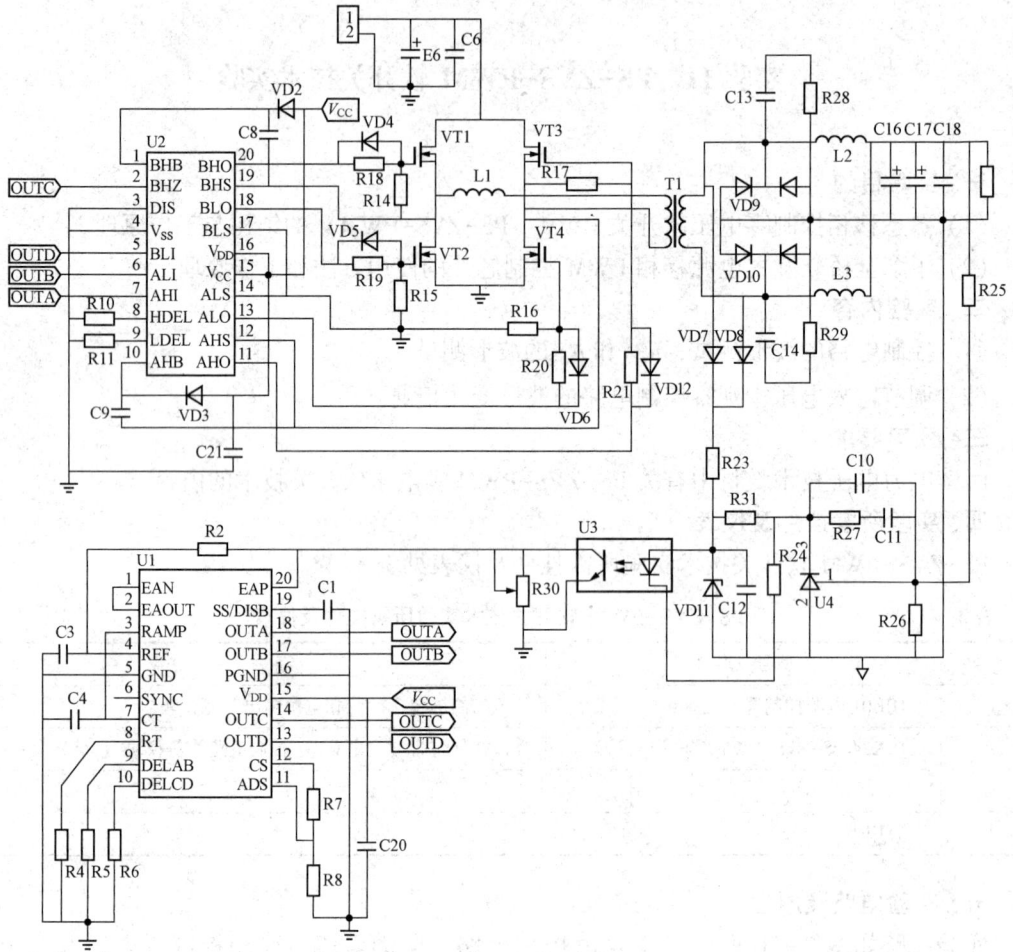

图 3-30　实验线路图

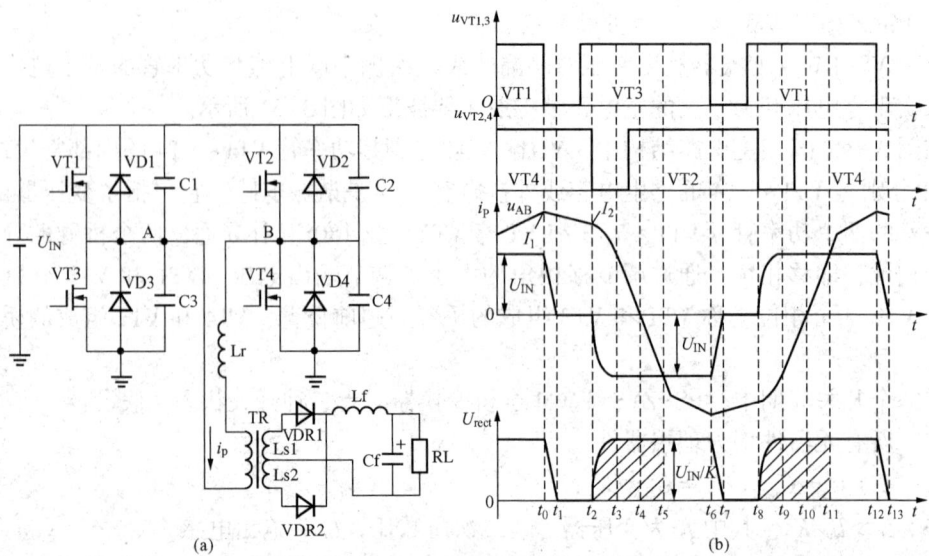

图 3-31　PS-ZVS-PWM 变换器主电路结构和主要波形

（a）主电路结构；（b）主要波形

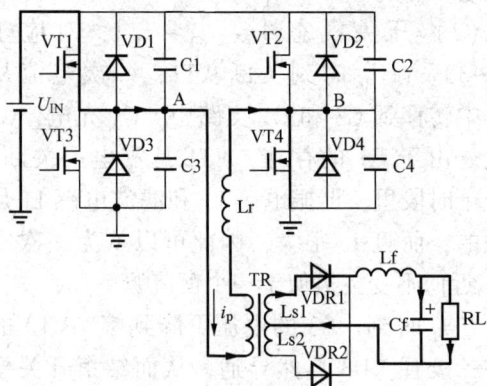

图 3-32　开关模态 0

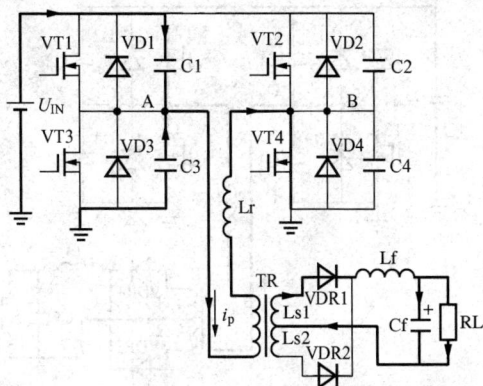

图 3-33　开关模态 1

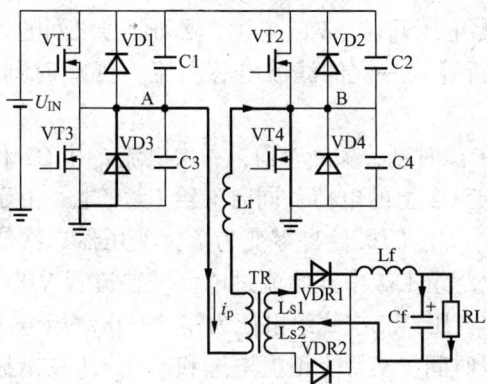

图 3-34　开关模态 2

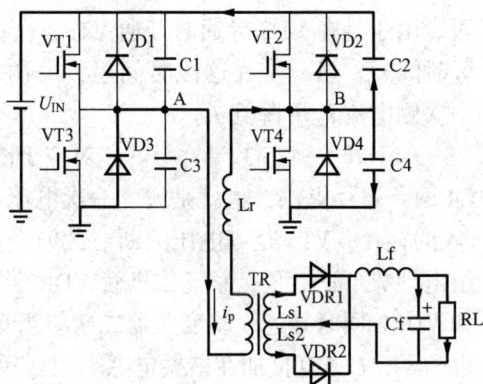

图 3-35　开关模态 3

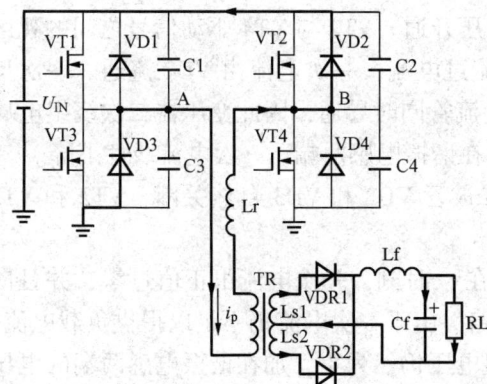

图 3-36　开关模态 4

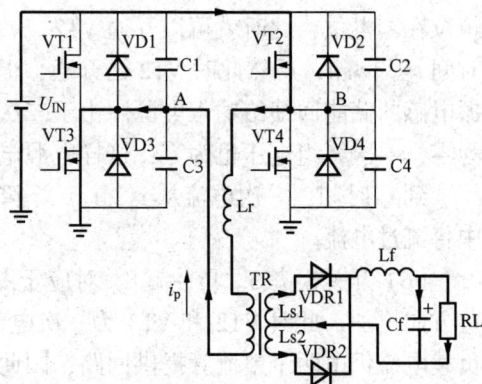

图 3-37　开关模态 5

（1）开关模态 0。在 t_0 时刻，对应于图 3-32。VT1 和 VT4 导通。一次电流由电源正极经 VT1、变压器一次绕组、谐振电感 Lr 以及 VT4，最后回到电源负极。二次电流回路由二次绕组 Ls1 的正端，经整流管 VDR1、输出滤波电感 Lf、输出滤波电容 Cf 与负载 RL，回到

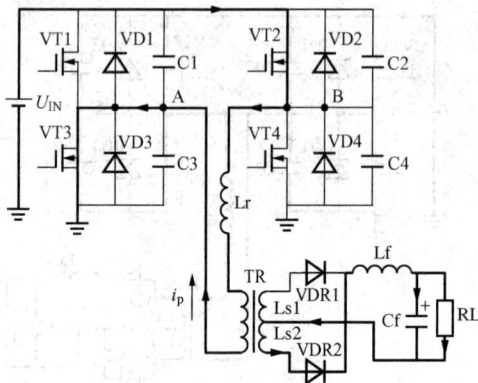

图 3-38　开关模态 6

Ls1 的负端。

（2）开关模态 1。$[t_0 \sim t_1]$，对应于图 3-33。在 t_0 时刻关断 VT1，一次电流从 VT1 中转移到 C3 和 C1 支路中，C1 充电，C3 放电。由于 C1 的存在，VT1 是零电压关断。在这个时段里，谐振电感 Lr 和滤波电感 Lf 是串联的，而且 Lf 很大，因此可以认为一次电流 i_p 近似不变，类似于一个恒流源。

在 t_1 时刻，C3 的电压下降到零，VT3 的反并二极管 VD3 自然导通，从而结束开关模态 1。

（3）开关模态 2。$[t_1 \sim t_2]$，对应于图 3-34。VD3 导通后，开通 VT3。虽然这时候 VT3 被开通，但并没有电流流过，一次电流由 VD3 流通。由于是在 VD3 导通时开通 VT3，所以 VT3 是零电压开通。VT3 与 Q1 驱动信号之间的死区时间 $t_{d(lead)} > t_{01}$。在这段时间里，一次电流等于折算到一次的滤波电感电流。在 t_2 时刻，一次侧电流 i_p 下降到 I_2。

（4）开关模态 3。$[t_2 \sim t_3]$，对应于图 3-35。在 t_2 时刻，关断 VT4，一次电流 i_p 由 C2 和 C4 两条路径提供，也就是说，一次电流 i_p 用来抽走 C2 上的电荷，同时又给 C4 充电。由于 C4 的存在，VT4 是零电压关断。此时，$U_{AB} = -U_{C4}$，U_{AB} 的极性自零变为负，变压器二次绕组电动势上正下负，整流二极管 VDR2 导通，二次绕组 Ls2 中开始流过电流。整流管 VDR1 和 VDR2 同时导通，将变压器二次绕组短接，这样变压器二次绕组电压为零，一次绕组电压也为零，U_{AB} 直接加在谐振电感 Lr 上。因此在这段时间里实际上谐振电感和 C2、C4 在谐振工作。

在 t_3 时刻，当 C4 的电压上升到 U_{IN}，VD2 自然导通，结束这一开关模态。

（5）开关模态 4。$[t_3 \sim t_4]$，对应于图 3-36。在 t_3 时刻，VD2 自然导通，将 VT2 的电压箝位在零电位，此时就可以开通 VT2，VT2 是零电压开通。VT2 与 VT4 驱动信号之间的死区时间 $t_{d(lag)} > t_{23}$，虽然此时 VT2 已开通，但 VT2 不流过电流，一次电流由 VD2 流通。一次谐振电感的储能回馈给输入电源。由于二次侧两个整流管同时导通，因此变压器二次绕组电压为零，一次绕组电压也为零，这样电源电压 U_{IN} 加在谐振电感两端，一次电流线性下降。

到 t_4 时刻，一次电流从 $i_p(t_3)$ 下降到零，二极管 VD2 和 VD3 自然关断，VT2 和 VT3 中将流过电流。

（6）开关模态 5。$[t_4 \sim t_5]$，对应于图 3-37。在 t_4 时刻，一次电流由正值过零，并且向负方向增加，此时 VT2 和 VT3 为一次电流提供通路。由于一次电流仍不足以提供负载电流，负载电流仍由两个整流管提供回路，因此一次绕组电压仍然为零，加在谐振电感两端的电压为电源电压 U_{IN}，一次电流反向增加。

到 t_5 时刻，一次电流达到折算到一次负载电流 $-I_{Lf}(t_5)/K$ 值，该开关模态结束。此时，整流管 VDR1 关断，VDR2 流过全部负载电流。

（7）开关模态 6。$[t_5 \sim t_6]$，对应于图 3-38，在这段时间里，电源给负载供电。

在 t_6 时刻，VT3 关断，变换器开始另一半个周期的工作，其工作情况类似于上述的半个周期。

2. 稳压反馈电路简介

输出电压经电阻分压后通过一并联调压器加以调整，再通过一光耦耦合至控制芯片 U1 的电压误差比较器输入端，在这里芯片内部的电压误差比较器接成射极跟随器的形式。放大器输出信号再与锯齿波相比较产生相移控制 PWM 波，从而产生主电路所需的四路脉冲波控制信号来控制主电路开关管的开通与关断时刻，实现稳定输出电压的目的。VD7、VD8、R23 和 VD11 组成稳压电路，给光耦提供电源。

六、实验方法

1. 控制电路的波形及 u_{GS} 和 u_{DS} 波形的测试

（1）将开关 K 打在关状态，开启电源开关，用双踪示波器同时观察 DJK24 挂件上 UCC3895 控制芯片（U1）的输出端 OUTA、OUTB、OUTC、OUTD 的波形，并记录于表 3-48 中，注意各波形间的相位关系。

表 3-48　　　　　　　　　　　控制电路、u_{GS}、u_{DS}、u_{AB} 的波形

输出端	波形	输出端	波形
OUTA		VT3 的 u_{GS}	
OUTB		VT3 的 u_{DS}	
OUTC		VT4 的 u_{GS}	
OUTD		VT4 的 u_{DS}	
		u_{AB}	

（2）将开关 K 打在开状态，用双踪示波器同时观察 VT3、VT4 的 u_{GS} 和 u_{DS} 信号，u_{AB} 的波形，并记录；观察 u_{GS} 和 u_{DS} 信号的波形是否满足零电压开通关断的时序条件。

2. 调节输入电压并观察控制电路的波形变化情况

调节输入电压 U_{IN}，观察控制电路的波形变化情况。观察并记录某一 U_{IN} 值下 U_{OUT} 的波形。用直流电压表测量 U_{IN} 及输出电压 U_{OUT} 值，填入表 3-49 中。

表 3-49　　　　　　　　　　　　U_{IN} 及 U_{OUT} 值

U_{IN}（V）							
U_{OUT}（V）							

七、思考题

（1）PS-ZVS-PWM 软开关的工作原理是什么？其主要由几部分组成？

（2）PS-ZVS-PWM 的控制方式有什么特点？

八、实验报告

（1）按实验方法的要求，分别绘出电路各测试点波形和数据表格，并分析之。

（2）总结 PS-ZVS-PWM 软开关的工作原理和结构。

九、注意事项

可参考本章实验 1 的注意事项。

实验 12 半桥型开关稳压电源的性能研究

一、实验目的

(1) 熟悉典型开关电源主电路的结构、元器件和工作原理。

(2) 了解 PWM 控制与驱动电路的原理和常用的集成电路。

(3) 了解反馈控制对电源稳压性能的影响。

二、实验内容

(1) 控制与驱动电路的测试。

(2) 主电路开环特性的测试。

(3) 主电路闭环特性的测试。

三、预习要求

阅读电力电子技术教材中有关带隔离的半桥直流—直流变流电路、开关电源的有关内容。

四、实验所需挂件及仪表

半桥型开关稳压电源性能研究实验所需挂件及仪表见表 3-50。

表 3-50　　　　　　　　　半桥型开关稳压电源性能研究实验所需挂件及仪表

序号	型号及名称	备　注
1	DJK01 电源控制屏	该控制屏包含 "三相电源输出" "励磁电源" 等模块
2	DJK09 单相调压与可调负载	该挂件包含 "单相自耦调压器" "整流与滤波" "可调电阻" 等模块
3	DJK19 半桥型开关稳压电源	该挂件包含 "主电路" "控制与驱动电路" 等模块
4	双踪示波器	
5	万用表	

五、实验电路及原理

半桥型开关直流稳压电源的实验原理图如图 3-39 所示，其中各电路组成部分、元器件、测量仪表的情况如下：

三相电源输出——DJK01 挂件；

单相调压器、负载电阻 R——DJK09 挂件；

交流电压表、直流电压表——DJK01 挂件；

主电路、控制电路——DJK19 挂件。

半桥型开关直流稳压电源的电路结构原理和各元器件均已画在 DJK19 挂箱的面板上，并有相应的输入与输出接口和必要的测试点。

逆变电路采用的电力电子器件为美国 IR 公司生产的全控型电力 MOSFET 管，其型号为 IRFP450，主要参数为：额定电流 16A，额定耐压 500V，通态电阻 0.4Ω。两只 MOSFET 管与两只电容 C1、C2 组成一个逆变桥，在两路 PWM 信号的控制下实现了逆变，将直流电压变换为脉宽可调的交流电压，并在桥臂两端输出开关频率约为 26kHz、占空比可调的矩形脉冲电压。然后通过降压、整流、滤波后获得可调的直流电源电压输出。该电源在开环时，负

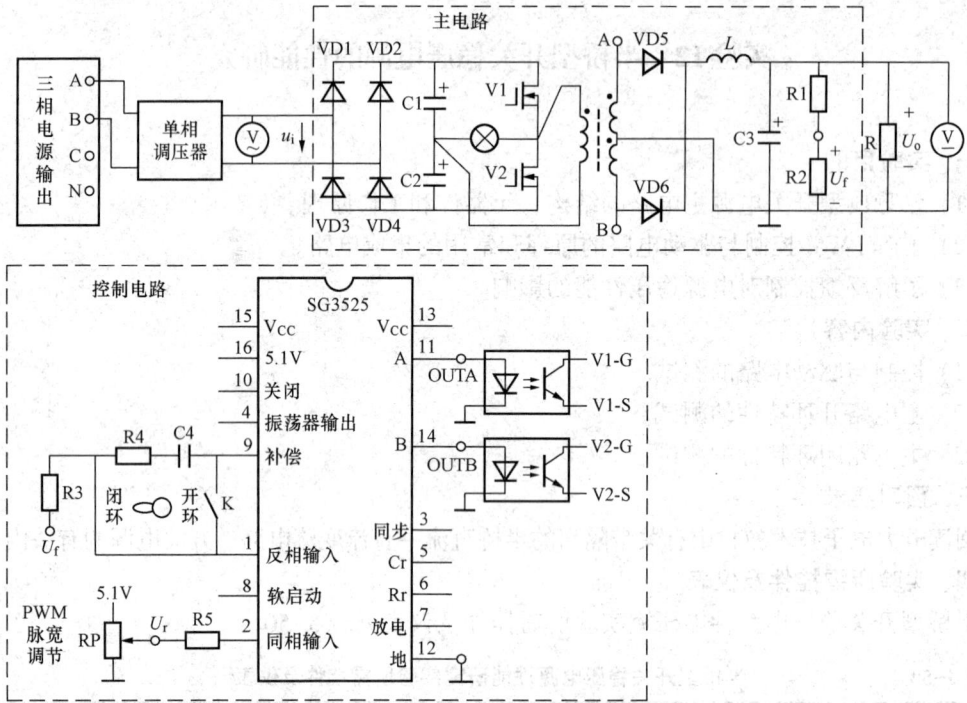

图 3-39　半桥型开关直流稳压电源实验原理图

载特性较差；只有加入反馈，构成闭环控制后，当外加电源电压或负载变化时，均能自动控制 PWM 输出信号的占空比，以维持电源的输出直流电压在一定的范围内保持不变，达到了稳压的效果。

控制与驱动电路：以 SG3525 为核心构成，SG3525 为美国 Silicon General 公司生产的专用 PWM 控制集成电路，其内部电路结构及各引脚功能请参见附录 A PWM 控制芯片 SG3525 功能简介。

调节 PWM 脉宽调节电位器，可改变输出的触发信号脉宽。

六、实验方法

1. 控制与驱动电路的测试

（1）开启 DJK19 控制电路电源开关。

（2）将 SG3525 的 1 脚与 9 脚短接（接通开关 K），使系统处于开环状态。

（3）PWM 控制信号的观测。调节 PWM 脉宽调节电位器 RP，用示波器观测 11 脚、14 脚信号的变化规律，然后调定 $U_r = 2.0V$，记录 11 脚和 14 脚的波形 OUTA、OUTB 于表 3-51 中，并将其有关参数填入表 3-52 中。

表 3-51　　　　　　　　　　　　　　各　波　形

输出端	波　形
11（OUTA）	

输出端	波　形
14（OUTB）	
变压器二次侧 A 端	
变压器二次侧 B 端	

表 3-52　　　　　　　　　　　PWM 控制信号的波形参数

SG3525 引脚	波形	幅值 A （V）	频率 f （Hz）	占空比 α （%）	脉宽 t （μs）
11（OUTA）					
14（OUTB）					

（4）用双踪示波器的两个探头同时观测 11 脚和 14 脚的输出波形，调节 PWM 脉宽调节电位器 RP，观测两路输出的 PWM 信号，记录其占空比 α（%）于表 3-53 中，找出占空比随 U_r 的变化规律。

表 3-53　　　　　　　　　占空比、直流输出电压与 U_r 的关系　　　　　　（$U_i =$_____ V）

U_r（V）	1.0	1.5	2.0	2.3	3.0
占空比 α（%）					
U_o（V）					

（5）调定 $U_r = 2.0$V，用双踪示波器观测变压器二次侧 A、B 两端（分别与地之间）的波形，记录于表 3-51 中，并与（3）中记录的 OUTA、OUTB 波形在时序上作比较；同时判断变压器同名端的接法是否正确。

2. 主电路开环特性的测试

（1）按图 3-39 所示半桥型开关直流稳压电源的实验原理图连接电路。

（2）逐渐将输入电压 u_i 的大小 U_i 从 0 调到约 50V，使白炽灯有一定的亮度。调节占空比，用双踪示波器同时观测变压器二次侧 A 端与地之间的波形、直流输出电压的波形。改变脉宽，观察并记录这些波形的变化规律。记录不同 U_r 时的直流输出电压 U_o 于表 3-53 中。

（3）将输入交流电压 u_i 调到 200V，用示波器观测直流输出的波形，记录直流输出电压 u_o 中的纹波情况。

（4）半桥型开关直流稳压电源开环特性的测试。在直流电压输出侧接入直流电压表和电流表。在 $u_i = 200V$ 时，在一定的脉宽下，做电源的负载特性测试，即调节可变电阻负载 R，测定直流电源输出端的电压和电流，记入表 3-54 中，并据此描绘半桥型开关直流稳压电源的开环伏安特性 $U_o = f(I)$，令 $U_r = 2.2V$。

表 3-54   半桥型开关直流稳压电源开环特性的测试

R （Ω）						
U_o （V）						
I （A）						

（5）测定电源电压变化对输出电压的影响。在一定的脉宽下，保持负载不变，调节输入电压 U_i，测量直流输出电压 U_o，记入表 3-55 中。

表 3-55   电源电压变化对输出电压的影响

U_i （V）	100	120	140	160	180	200	220	240	250
U_o （V）									
I （A）									

（6）上述各实验步骤完毕后，将输入电压 U_i 调回零位。

3. 主电路闭环特性测试

断开控制与驱动电路中的开关 K，用导线将主电路的反馈信号 U_f 接至控制电路的 U_f 端，使系统处于闭环控制状态。

重复主电路开环特性测试中的各实验步骤。

七、注意事项

做主电路开环特性的测试时，主电路的反馈信号 U_f 不接至控制电路的 U_f 端。

八、实验报告

（1）整理实验数据和记录的波形。

（2）分析开环与闭环时负载变化对直流电源输出电压的影响。

（3）分析开环与闭环时电源电压变化对直流电源输出电压的影响。

（4）对半桥型开关稳压电源性能研究的总结与体会。

九、思考题

（1）开关稳压电源的工作原理是什么？有哪些电路结构形式及主要元器件？

（2）利用闭环控制达到稳压的原理是什么？

（3）半桥型开关稳压电源与常用的由三端稳压器构成的稳压电源相比，有哪些特点？

（4）全桥型开关稳压电源的电路结构又该如何？与半桥型相比有哪些特点？

（5）为什么在主电路工作时，不能用示波器的双踪探头同时对两只管子栅源之间的波形进行观测？

（6）如何测量 U_r 的大小？

（7）如何将 A、B 两端的波形与 OUTA、OUTB 波形在时序上进行比较？

第 4 章   综合性、设计性实验

本章介绍的综合性、设计性实验，包括整流电路功率因数校正电路研究、多重化整流电路、电力电子变流实验输出异常分析、DJK02-3 为单相桥式变流电路提供触发脉冲的可行性研究、带电流双象限电路的在线式 UPS 系统设计等。

实验 1   整流电路功率因数校正电路研究

一、实验目的

（1）加深理解整流电路功率因数、谐波等问题。

（2）强化整流电路、直流斩波电路的内容。

（3）研究单相桥式不控整流电路带有电阻负载，在无电容滤波和有电容滤波两种情况下电路的功率因数。

（4）研究电感作为无源功率因数校正元件，在不同参数时对功率因数的校正作用。

（5）研究有源功率因数校正电路对单相桥式不控整流电路带有电阻负载时的功率因数校正作用，以及对单相桥式不控整流电路带有阻感负载时的功率因数校正作用。了解有源功率因数校正电路的工作原理。

二、实验所需挂件及仪表

整流电路功率因数校正电路实验所需挂件及仪表见表 4-1。

表 4-1   整流电路功率因数校正电路实验所需挂件及仪表

序号	型号及名称	备　　注
1	DJK01 电源控制屏	该控制屏包含"三相电源输出""交流电压表""直流电压表""直流电流表"等模块
2	DJK02 晶闸管主电路	该挂件包含"电感"模块
3	DJK09 单相调压与可调负载	该挂件包含"单相自耦调压器"模块
4	D34-4 单相智能功率、功率因数表	该挂件包含"功率""功率因数表"等模块
5	D42 三相可调电阻	负载电阻
6	DJK25 整流电路功率因数校正	该挂件包含"单相桥式整流电路""有源功率因数校正电路""滤波电容"等模块
7	双踪示波器	

三、实验电路

本实验的各实验电路如图 4-1~图 4-5 所示。

各实验电路中的三相交流电源、交流电压表、直流电压表、直流电流表由 DJK01 挂件提供，单相自耦调压器由 DJK09 挂件提供，功率、

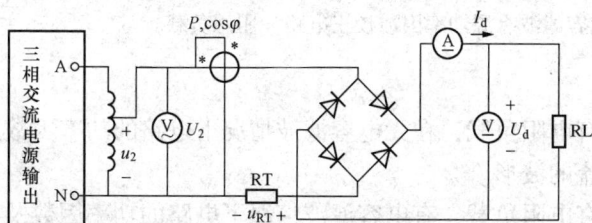

图 4-1   单相桥式不控整流无电容滤波电路（电阻负载）

功率因数表由 D34-4 挂件提供，单相桥式整流电路、测试电阻、有源功率因数校正电路、滤波电容等由 DJK25 挂件提供，负载电阻由 D42 挂件提供，负载电感由 DJK02 挂件提供。

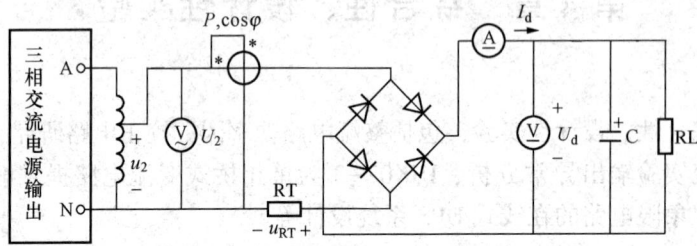

图 4-2　单相桥式不控整流电容滤波电路（电阻负载）

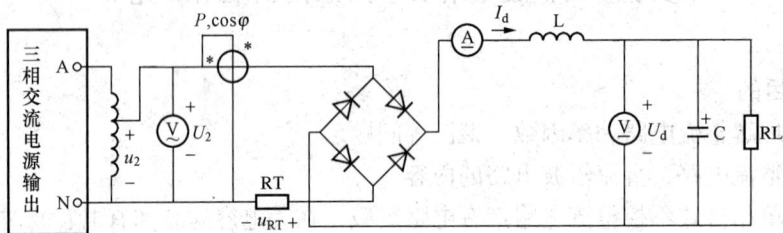

图 4-3　单相桥式不控整流电容滤波无源功率因数校正电路（电阻负载）

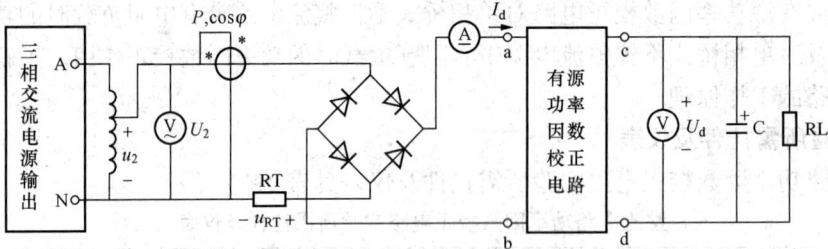

图 4-4　单相桥式不控整流电容滤波有源功率因数校正电路（电阻负载）

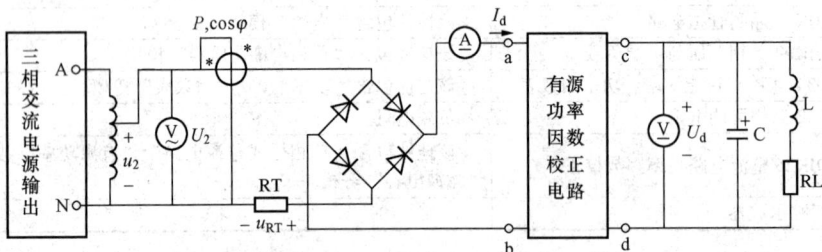

图 4-5　单相桥式不控整流电容滤波有源功率因数校正电路（阻感负载）

四、实验内容

（1）测试单相桥式不控整流电路带有电阻负载，在无电容滤波情况下电路的功率因数及其他有关电量，并测试交流侧电压、电流的波形。

（2）测试单相桥式不控整流电路带有电阻负载，有电容滤波情况下电路的功率因数及其他有关电量，并测试交流侧电压、电流的波形。

（3）测试单相桥式不控整流电路带电阻负载，有电容滤波，直流侧串入电感作为无源功率因数校正元件，在电感不同参数时，电路的功率因数及其他有关电量，并测试交流侧电压、电流的波形。

（4）测试单相桥式不控整流电路带电阻负载，有电容滤波，整流电路与负载间接入有源功率因数校正电路，电路的功率因数及其他有关电量，并测试交流侧电压、电流的波形。

（5）测试单相桥式不控整流电路带阻感负载，有电容滤波，整流电路与负载间接入有源功率因数校正电路，电路的功率因数及其他有关电量，并测试交流侧电压、电流的波形。

（6）测试有源功率因数校正电路控制部分的锯齿波和 PWM 波。

五、实验原理

1. 功率因数与电流谐波总畸变率

通常，在交—直—交变频器、不间断电源、开关电源等应用场合中，其输入级大都采用二极管构成的单相或三相不控整流加电容滤波的电路。单相电路如图 4-6（a）所示。这种电路的优点是结构简单、成本低、可靠性高，但其致命的缺点是输入电流不是正弦波，而是位于电压峰值附近的脉冲波，如图 4-6（b）所示。这种电流波形中含有大量谐波成分，不仅对电网造成严重的谐波污染，而且导致电路的功率因数很低，通常仅能达到 0.5~0.7，电流谐波总畸变率可达 100%~150%。

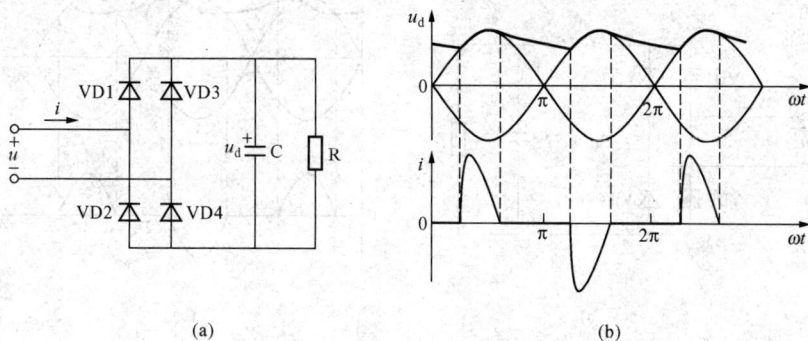

(a) (b)

图 4-6 电容滤波单相桥式不可控整流电路及工作波形
(a) 电路原理图；(b) 工作波形图

功率因数 λ 定义为：交流输入有功功率与输入视在功率的比。其表达式为

$$\lambda = \frac{P}{S} = \frac{UI_1\cos\varphi_1}{UI} = \frac{I_1}{I}\cos\varphi_1 = \nu\cos\varphi_1$$

式中：U 为交流电网电压 u 的有效值；I 为交流电流 i 的有效值；I_1 为交流电流基波 i_1 的有效值；$\nu = I_1/I$ 为基波因数；φ_1 为基波电流与交流电压的相位差；$\cos\varphi_1$ 称为位移因数或基波功率因数。

电流谐波总畸变率 THD_i 定义为：总谐波电流有效值与基波电流有效值的比。其表达式为

$$THD_i = \frac{\sqrt{\sum_{n=2}^{\infty} I_n^2}}{I_1}$$

式中：I_n 为 n 次谐波电流的有效值。

可以证明，功率因数 λ 与电流谐波总畸变率 THD_i 之间的关系为

$$\lambda = \frac{1}{\sqrt{1 + THD_i^2}}$$

2. 功率因数校正 PFC（Power Factor Correction）

功率因数校正，就是从电路上采取措施，使交流输入电流实现正弦化，并与交流输入电压同相，从而使基波因数 $\nu = 1$，基波功率因数 $\cos\varphi_1 = 1$，或电流谐波总畸变率 $THD_i = 0$，功率因数 $\lambda = 1$。

根据采取的方法不同，可以分为无源功率因数校正和有源功率因数校正两种。

3. 无源功率因数校正

无源功率因数校正，就是在二极管整流电路中，采用 LC 滤波电路来平滑输入电流，增加二极管的导通时间，抑制电流脉冲，以降低电流谐波含量，降低 THD_i，提高功率因数，如图 4-7 所示。增加电感量，可以进一步提高输入功率因数。这种方法的优点是简单、可靠，无需进行控制，可用于单相或三相电路；缺点是无源元件通常体积很大，成本也较高，并且功率因数只能校正至 0.8 左右。

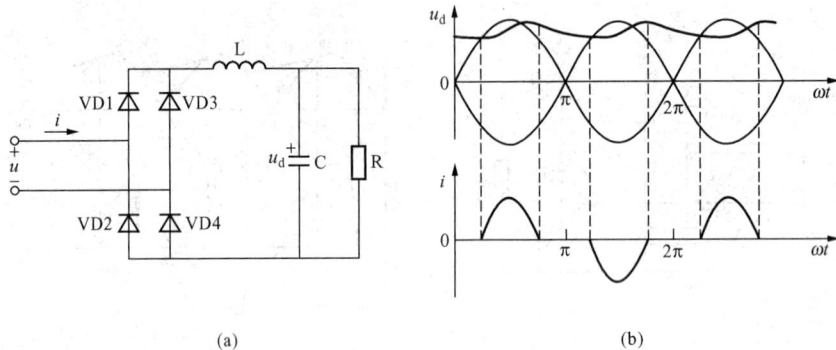

(a)　　　　　　　　　　　　　　　(b)

图 4-7　LC 滤波单相桥式不控整流电路及工作波形

(a) 电路原理图；(b) 工作波形图

4. 有源功率因数校正

单相有源功率因数校正电路的原理框图如图 4-8 所示。该电路实际上是一种升压斩波器，它主要由储能电感 L、高频大功率开关管 VT1、二极管 VD1、滤波电容 C 和控制器等组成。控制器主要由基准电源、误差放大器、乘法器、电流跟踪 PWM 控制器及电压电流检测电路等组成。

有源功率因数校正的基本思想是，采用全控开关器件构成的开关电路对输入电流的波形进行控制，使输入电流成为与电源电压相位相同的正弦波，从而彻底解决整流电路的谐波污染和功率因数低的问题，总谐波含量可以降低至 5% 以下，而功率因数能高达 0.995。

单相有源功率因数校正电路的基本工作原理是：输入电压经 R1、R2 分压器采样和检测后加到乘法器输入端；输入电流经检测后也加到乘法器输入端；另外，输出电压经 R3、R4 分压取样和检测后，又与参考电压比较后输出误差信号也加到乘法器。乘法器是功率因数控制器的关键环节。在较大的动态范围内，乘法器的传输曲线呈线性。当正弦波交流输入电压

从零升至峰值电压时，乘法器输出电压控制电流取样比较器的门限电平，对高频三角波信号进行调制，从而产生受控脉宽调制（PWM）信号脉冲，加到 MOSFET 栅极。

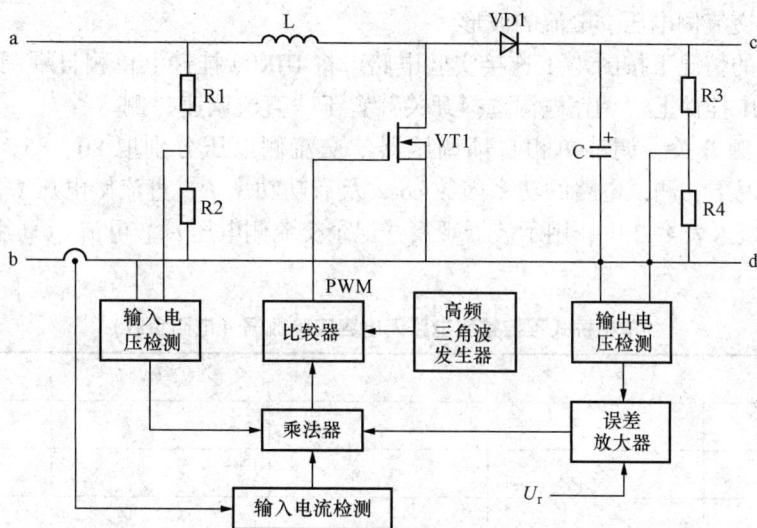

图 4-8 单相有源功率因数校正电路原理框图

这样就能快速调节控制 MOSFET 主开关 VT1 的导通时间，使它及时跟随电网输入电压的变化，从而让 PFC 前置变换器的负载对交流电网呈现电阻性。经各路反馈信号的控制，最终使流过电感 L 中的感性电流的峰值包络线，总是紧密跟踪单向正弦波形的交流输入电压而变化，于是在电气设备开关电源的输入端，就可以得到一个与输入电压几乎完全同频同相的平滑正弦波电流，实现系统的高功率因数值。整流桥的输出电压与电感电流的工作波形如图 4-9 所示。

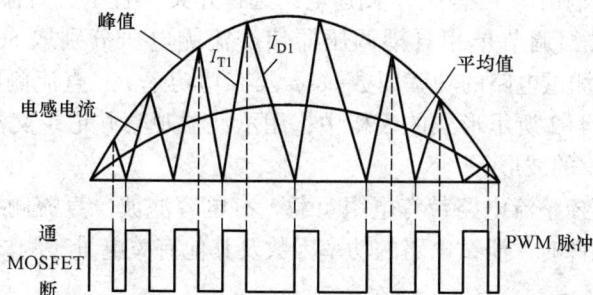

图 4-9 有源功率因数校正电路中开关 VT1 的 PWM 控制脉冲与电感电流

单相有源功率因数校正电路较为简单，仅有一个功率开关器件，容易实现，可靠性高，应用很广泛，是一种成熟的电路。

六、预习要求

（1）整流电路功率因数、谐波等问题。

（2）整流电路、直流斩波电路的内容。

（3）脉宽调制的基本原理。

七、实验方法

（1）单相桥式不控整流电路带有电阻负载，无电容滤波时测试电路的功率因数及其他有关电量，测试交流侧电压、电流的波形。

在不通电的情况下按图 4-1 连接实验电路。将 DJK09 挂件上单相自耦调压器的输出调至最小，DJK01 挂件上"调速电源选择开关"置于"直流调速"侧。

打开总电源开关，调节单相自耦调压器使交流侧电压分别取 80、85、90、95、100、105、110V 情况下，测试电路的功率因数 $\cos\varphi$ 及有功功率 P、直流侧电压 U_d、直流侧电流 I_d，实验数据填入表 4-2 中；用示波器观察并记录交流侧电压 u_2、电流 i_{RT}（用 u_{RT} 的波形表示）的波形。

表 4-2　　　　　　　　**单相桥式不控整流电路无电容实验数据（电阻负载）**

U_2 (V)	P (W)	$\cos\varphi$	U_d (V)	I_d (A)
80				
85				
90				
95				
100				
105				
110				

（2）单相桥式不控整流电路带有电阻负载，有电容滤波时测试电路的功率因数及其他有关电量，测试交流侧电压、电流的波形。

在不通电的情况下按图 4-2 连接实验电路。尤其要注意电解电容器的极性不能接反。将单相自耦调压器的输出调至最小，"调速电源选择开关"置于"直流调速"侧。

打开总电源开关，调节单相自耦调压器使交流侧电压分别取 80、85、90、95、100、105、110V 情况下，测试电路的功率因数 $\cos\varphi$ 及有功功率 P、直流侧电压 U_d、直流侧电流 I_d，实验数据填入表 4-2 所示形式的表格中；用示波器观察并记录交流侧电压 u_2、电流 i_{RT}（用 u_{RT} 的波形表示）的波形。

（3）单相桥式不控整流电路带有电阻负载，有电容滤波，直流侧串入 700mH 电感作为无源功率因数校正元件时，测试电路的功率因数及其他有关电量，测试交流侧电压、电流的波形。

在不通电的情况下按图 4-3 连接实验电路。重复（2）步骤。

（4）单相桥式不控整流电路带有电阻负载，有电容滤波，直流侧串入 100mH 电感作为无源功率因数校正元件时，测试电路的功率因数及其他有关电量，测试交流侧电压、电流的波形。

重复（3）步骤。

（5）单相桥式不控整流电路带有电阻负载，有电容滤波，整流电路与负载间接入有源功率因数校正电路时，测试电路的功率因数及其他有关电量，测试交流侧电压、电流的波形。

在不通电的情况下按图 4-4 连接实验电路。重复（2）步骤。

（6）单相桥式不控整流电路带有阻感负载，有电容滤波，整流电路与负载间接入有源功率因数校正电路时，测试电路的功率因数及其他有关电量，测试交流侧电压、电流的波形。

在不通电的情况下按图 4-5 连接实验电路。重复（2）步骤。

（7）测试有源功率因数校正电路控制部分的锯齿波和 PWM 波。实验电路如图 4-8 所示。用示波器观察并记录有源功率因数校正电路控制部分的锯齿波和 PWM 波。测试点在 DJK25 挂件上的控制电路部分，集成电路芯片 UCC3817N 的有关管脚间。

八、思考题

（1）何为整流电路的功率因数？

（2）对不控整流电路进行无源功率因数校正的原理是什么？有源功率因数校正的原理是什么？

九、实验报告

（1）记录不控整流电路，在下述几种情况下电路的功率因数及其他有关电量，交流侧电压、电流的波形：

1）单相桥式不控整流电路带有电阻负载，无电容滤波；

2）单相桥式不控整流电路带有电阻负载，有电容滤波；

3）单相桥式不控整流电路带有电阻负载，有电容滤波，直流侧串入 700mH 电感作为无源功率因数校正元件；

4）单相桥式不控整流电路带有电阻负载，有电容滤波，直流侧串入 100mH 电感作为无源功率因数校正元件；

5）单相桥式不控整流电路带有电阻负载，有电容滤波，整流电路与负载间接入有源功率因数校正电路；

6）单相桥式不控整流电路带有阻感负载，有电容滤波，整流电路与负载间接入有源功率因数校正电路。

（2）比较上述六种情况下的电路功率因数及其他有关电量、交流侧电压和电流的波形，说明下述问题：

1）单相桥式不控整流电路带有电阻负载，电容滤波的作用及其对电路功率因数的影响；

2）单相桥式不控整流电路带有电阻负载，有电容滤波，直流侧串入电感作为无源功率因数校正元件，对电路功率因数的影响，电感参数变化对电路功率因数的影响；

3）单相桥式不控整流电路带有电阻负载或阻感负载，有电容滤波，整流电路与负载间接入有源功率因数校正电路，有源功率因数校正电路对电路功率因数的影响。

（3）有源功率因数校正电路控制部分的锯齿波和 PWM 波波形。

（4）实验中存在的问题，以及尚需进一步解决的问题。

十、注意事项

（1）实验接线必须在 DJK01 挂件电源控制屏的"停止"按钮红灯亮（"启动"按钮绿灯灭）的状态下进行。确认接线无误后方可按下"启动"按钮。

（2）双踪示波器有两个探头，可同时观测两路信号，但这两探头的地线都与示波器的外壳相连。所以两个探头的地线不能同时接在同一电路的不同电位的两个点上，否则这两点会通过示波器外壳发生电气短路。为此，为了保证测量的顺利进行，可将其中一个探头的地线取下或外包绝缘，只使用其中一路的地线，这样就从根本上解决了这个问题。当需要同时观察两个信号时，必须在被测电路上找到这两个信号的公共点，将探头的地线接于此处，探头分别接至被测信号，只有这样才能在示波器上同时观察到两个信号，而不发生意外。

（3）整流电路滤波常使用有极性的直流电解电容器。有极性的直流电解电容器应正确连接正负极；如果正负极接反，将产生异常电流，导致电路短路，甚至损坏器件本身。如果不能确定正负极性，就要使用直流双极电解电容。直流电容不能使用在交流电路中。

（4）使用调压器时要做到：①接通电源前将调压器处于"0"位；②使用调压器时，每次都应该从"0"开始逐渐增加，直到所需的电压值；③使用完毕后，应随手将调压器手柄调回到"0"位，然后断开实验台的电源。

（5）使用 DJK02 挂件上的电感时，必须将 DJK02 挂件的电源插头插在实验台的相应插座上。

实验 2 多重化整流电路

一、实验目的

（1）得到相位彼此相差 30°、大小相等的 12 相电压。

（2）强化三相桥式全控整流电路的调试方法、实验过程。了解触发电路与主电路的同步问题。

（3）掌握整流电路多重化的意义、两重 12 脉波整流电路的组成，两重 12 脉波整流电路对交流电压、主电路、控制驱动电路的要求。

（4）研究用现有实验条件构成两重 12 脉波整流电路的可行性。

（5）能够搭建出两重 12 脉波整流电路，观测到 12 脉波整流输出。

二、实验所需挂件及仪表

多重化整流电路实验所需挂件及仪表见表 4-3。

表 4-3 多重化整流电路实验所需挂件及仪表

序号	型号及名称	备 注
1	DJK01 电源控制屏	该控制屏包含"三相电源输出""直流电压表""直流电流表"等模块
2	DJK02 晶闸管主电路	两个，该挂件包含"三相正桥主电路""同步信号输出"等模块
3	DJK02-3 三相数字晶闸管触发电路	两个，该挂件包含"触发电路"模块
4	DJK10-1 三相芯式变压器及不控整流	一次绕组和两个二次绕组的匝数比为 $2\sqrt{3}:\sqrt{3}:1$
5	D42 三相可调电阻	负载电阻
6	双踪示波器	

三、实验线路

本实验的各实验电路如图 4-10~图 4-12 所示。

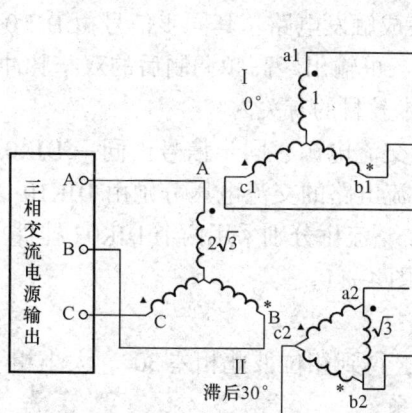

图 4-10 整流变压器各绕组接线

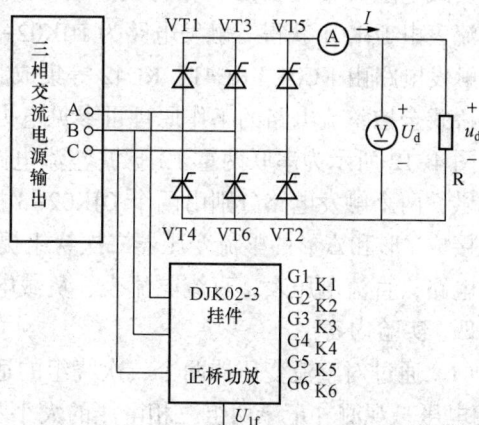

图 4-11 三相桥式全控整流电路

图 4-10 中的三相交流电源由 DJK01 挂件提供，变压器在 DJK10-1 挂件上，其一次绕组

和两个二次绕组的匝数比为 $2\sqrt{3}:\sqrt{3}:1$。变压器二次低压绕组接成星形（丫形），二次中压绕组接成三角形（△形）。

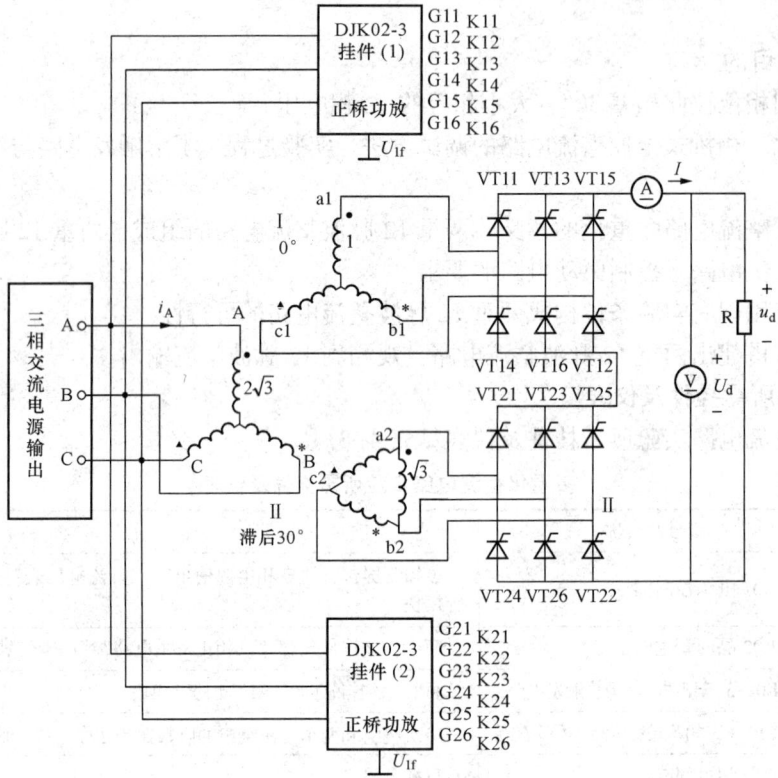

图 4-12　串联两重 12 脉波整流电路系统

图 4-11 所示为三相桥式全控整流电路，主电路的晶闸管采用 DJK02 挂件上的正桥电路；负载电阻 R 使用 D42 三相可调电阻，将两个 900Ω 电阻接成并联形式；直流电压表、直流电流表由 DJK01 获得。触发电路为 DJK02-3 中的集成触发电路，其同步信号由 DJK01 提供。触发电路由 KC04、KC41、KC42 等集成芯片组成，可输出经高频调制后的双窄脉冲链。三相桥式全控整流电路的工作原理可参见电力电子技术教材的有关内容。

图 4-12 所示为串联两重 12 脉波整流电路系统，交流电源、同步信号由同一 DJK01 挂件提供，两个触发电路分别由两个 DJK02-3 提供，整流电路的交流电压分别由 DJK10-1 挂件上接成丫形和△形的整流变压器二次绕组提供，两个整流桥分别采用两个 DJK02 挂件上的正桥电路，直流电压表、直流电流表、负载电阻 R 同图 4-11。

四、实验内容

（1）通过对整流变压器两个二次绕组的适当接线，得到相位彼此相差 30°、大小相等的 12 相电压。观测并记录两组三相电压的大小及相位关系。

（2）调试两个三相桥式全控整流电路，观测并记录其整流输出电压，确认其主电路、控制驱动电路工作正常。

（3）测试、研究现有控制驱动电路各输出脉冲间的相位关系，研究如何得到相位彼此相差 30°的触发脉冲。

（4）研究如何解决触发脉冲与交流电压间的同步问题。

（5）搭建两重 12 脉波整流电路，观测并记录 12 脉波整流输出。

五、实验原理

随着整流装置容量的进一步加大，它所产生的谐波、无功功率等对电网的干扰也随之加大，为减轻干扰，可采用多重化整流电路。多重化整流电路是按一定的规律将两个或更多个相同结构的整流电路（如三相桥）进行组合而得。将整流电路进行移相多重连接可以减少交流侧输入电流的谐波。整流电路的多重连接有并联多重连接和串联多重连接，对于交流输入电流来说，采用并联多重连接和串联多重连接的效果是相同的。以下着重讲述串联多重连接的情况。

采用多重连接不仅可以减少交流输入电流的谐波，同时也可减小直流输出电压中的谐波幅值并提高纹波频率，因而可减小平波电抗器。为了简化分析，下面均不考虑变压器漏抗引起的重叠角，并假设整流变压器各绕组的相电压之比为 $1:1:\sqrt{3}$。

图 4-13 为移相 30°构成串联两重连接电路的原理图，利用变压器二次绕组接法的不同，使两组三相交流电源间相位错开 30°，从而使输出整流电压 u_d 在每个交流电源周期中脉动 12 次，

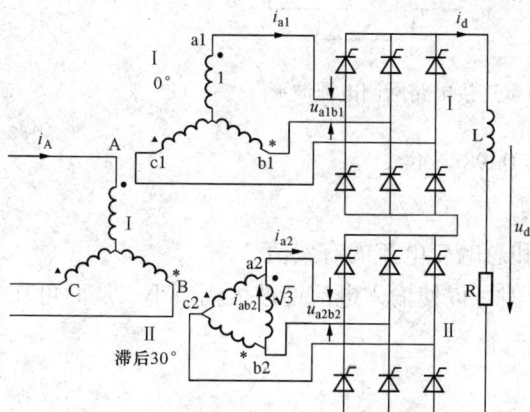

图 4-13 相移 30°串联两重连接电路

故该电路为 12 脉波整流电路。整流变压器二次绕组分别采用星形和三角形接法构成相位相差 30°、大小相等的两组电压，接到相互串联的 2 组整流桥。因绕组接法不同，为得到两组大小相同的线电压，变压器一次绕组和两个二次绕组的匝数比设置为 $1:1:\sqrt{3}$。图 4-14 为该电路网侧电流波形图。其中，图（c）的 i'_{ab2} 在图 4-13 中未标出，它是第 II 组桥电流 i_{ab2} 折算到变压器一次侧 A 相绕组中的电流；图（d）的总输入电流 i_A 为图（a）的 i_{a1} 和图（c）的 i'_{ab2} 之和。

对图 4-14 波形 i_A 进行傅里叶分析，可得其基波幅值 I_{m1} 和 n 次谐波幅值 I_{mn} 分别为

$$I_{m1} = \frac{4\sqrt{3}}{\pi}I_d \quad \left(\text{单桥时为}\frac{2\sqrt{3}}{\pi}I_d\right)$$

$$I_{mn} = \frac{1}{n}\frac{4\sqrt{3}}{\pi}I_d \quad n = 12k \pm 1, \quad k = 1, \ 2, \ 3, \ \cdots$$

即输入电流谐波次数为 $12k\pm1$，其幅值与次数成反比而降低。

该电路的其他特性如下：

直流输出电压 $\qquad U_d = \frac{6\sqrt{6}}{\pi}U_2\cos\alpha \quad （输出连续时）$

位移因数 $\qquad \cos\varphi_1 = \cos\alpha \quad （与单桥时相同）$

式中：φ_1 为基波电流和电压的相位差。

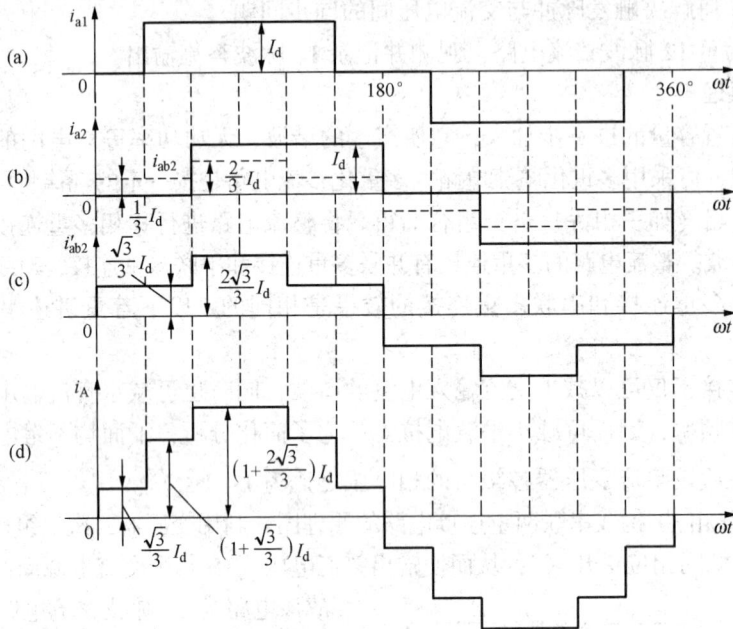

图 4-14　相移 30°串联两重连接电路网侧电流波形

功率因数　　　　　　　　　　　　$\lambda = \nu\cos\varphi_1 = 0.9886\cos\alpha$

$$\nu = I_1/I$$

式中：ν 为基波因数；I_1 和 I 分别为基波电流和总畸变电流的有效值。

采用多重连接的方法不能提高位移因数，但可以使输入电流谐波大幅减小，从而可在一定程度上提高功率因数。

六、预习要求

（1）阅读有关变压器绕组的接法与各绕组间电压相位关系的内容。

（2）阅读电力电子技术实验指导书中有关三相桥式全控整流电路的内容。

（3）阅读第 1 章中有关表 4-3 列出的挂件的内容，掌握各挂件的功能。

七、实验方法

1. 整流变压器的连接与测试

（1）打开 DJK01 总电源开关，操作"电源控制屏"上的"三相电网电压指示"开关，观察输入的三相电网电压是否平衡。

（2）将 DJK01"电源控制屏"上"调速电源选择开关"拨至"直流调速"侧。

（3）将 DJK10-1 挂件上三组绕组按图 4-10 所示电路进行连接。用示波器同时观察并记录两组二次线电压 u_{a1b1}、u_{a2b2} 的大小以及相位关系。

2. DJK02 和 DJK02-3 上的"触发电路"调试

（1）用 10 芯的扁平电缆，将 DJK02 的"三相同步信号输出"端和 DJK02-3"三相同步信号输入"端相连。

（2）用 8 芯的扁平电缆，将 DJK02-3 面板上"触发脉冲输出"和"触发脉冲输入"相连，使得触发脉冲加到正反桥功放的输入端。

（3）将 DJK02-3 面板上的 U_{lf} 端接地，用 20 芯的扁平电缆，将 DJK02-3 的"正桥触发脉冲输出"端和 DJK02"正桥触发脉冲输入"端相连，并将 DJK02"正桥触发脉冲"的六个开关拨至"通"，观察正桥 VT1～VT6 晶闸管门极和阴极之间的触发脉冲是否正常。

3. 三相桥式全控整流电路

（1）按图 4-11 所示实验电路，用两个实验台上的 DJK01、DJK02、DJK02-3 三个挂件分别搭建两个三相桥式全控整流电路。

（2）用示波器先后观察并记录两个三相桥式全控整流电路的整流输出电压波形。确认其主电路、控制驱动电路工作是否正常。若不正常需要分析原因并解决，直至两个主电路、控制驱动电路工作都正常。

4. 测试、研究现有控制驱动电路各输出脉冲间的相位关系，研究如何得到相位彼此相差 30° 的触发脉冲

（1）测试同一 DJK02-3 挂件上正桥、反桥触发脉冲间的相位关系。将 DJK02-3 挂件上正桥脉冲输出端、反桥脉冲输出端分别接至 DJK02 挂件上的正桥脉冲输入端、反桥脉冲输入端，将正桥中 VT1、反桥中 VT1′ 两个晶闸管的触发脉冲开关拨至"通"的位置，通过 VT1、VT1′ 的门极、阴极测量它们的触发脉冲，比较其相位关系。

（2）测试不同 DJK02-3 挂件上正桥触发脉冲间的相位关系。分别以两个实验台上的 DJK01 挂件的交流电压作同步信号，接至两个 DJK02-3 挂件上的三相同步信号输入端，通过两个 DJK02-3 挂件上的触发信号观察孔，测量两个 VT1 触发脉冲，比较其相位关系。

可以选择多个实验台，两两比较。

（3）以同一 DJK01 挂件的交流电压作同步信号，同时提供给两个 DJK02-3 挂件，测量两个 VT1 触发脉冲，比较其相位关系。

根据上述一系列测试，得出怎样的结论？如何得到相位彼此相差 30° 的触发脉冲？

5. 搭建两重 12 脉波整流电路，观测 12 脉波整流输出

（1）按实验电路图 4-12 搭建两重 12 脉波整流电路。

（2）根据变压器的接法，二次丫形连接的 u_{a1b1} 与 u_{AB} 同相，二次△形连接的 u_{a2b2} 滞后 u_{AB} 30°。根据三相整流电路对触发脉冲相位的要求，当以 u_{a1b1} 等做三相整流电路的交流电压时，DJK02-3 挂件显示触发脉冲相位即实际触发脉冲相位；而以 u_{a2b2} 等做三相整流电路的交流电压时，DJK02-3 挂件显示触发脉冲相位比实际触发脉冲相位多 30°。

用示波器观察并记录整流电路输出电压 u_d 波形。记录实验数据在表 4-4 中。

表 4-4   **两重 12 脉波整流电路实验数据**

$u_2(V)$	$\alpha(°)$	$u_d(V)$	$i_d(A)$
	0		
	30		
	60		
	90		

八、思考题

（1）两重 12 脉波整流电路对交流电压、主电路、控制驱动电路分别有何要求？

（2）如何解决主电路和触发电路的同步问题？

（3）在"七、实验方法"的 1 中，如何用双踪示波器同时测量两组二次线电压 u_{a1b1}、u_{a2b2}？

（4）在"七、实验方法"的 2 中，若正桥 VT1～VT6 晶闸管门极和阴极之间的触发脉冲不正常，该怎么办？

（5）在"七、实验方法"的 3 中，如何根据整流输出电压的波形，判断三相桥式全控整流电路的工作是否正常？若不正常，从哪几方面入手分析引起异常的原因？

（6）在"七、实验方法"的 4（1）中，如何比较正桥中 VT1、反桥中 VT1′两个晶闸管的触发脉冲相位关系？

（7）通过"七、实验方法"4 的一系列测量，可得出什么结论？

九、实验报告

（1）给出 DJK10-1 挂件上两组二次三相电压的波形，说明其大小和相位关系。

（2）给出两个三相桥式全控整流电路的整流输出电压波形。分析、解决实验过程中出现的问题，写出解决结果。

（3）给出同一 DJK02-3 挂件上正桥、反桥触发脉冲波形，不同 DJK02-3 挂件上正桥触发脉冲的波形，以同一 DJK01 挂件的交流电压作同步信号同时提供给两个 DJK02-3 挂件时两个 VT1 触发脉冲的波形，比较其相位关系，做出相应结论。

（4）研究如何解决触发脉冲与交流电压间的同步问题。

（5）给出两重 12 脉波整流电路的输出电压 u_d 波形，记录实验数据。

（6）总结实验中存在的问题，尚需进一步解决的问题。

（7）解答各思考题。

十、注意事项

（1）实验电路接线必须在 DJK01 挂件电源控制屏的"停止"按钮红灯亮（"启动"按钮绿灯灭）的状态下进行。确认接线无误后方可按下"启动"按钮。

（2）双踪示波器有两个探头，可同时观测两路信号，但这两探头的地线都与示波器的外壳相连。所以两个探头的地线不能同时接在同一电路的不同电位的两个点上，否则这两点会通过示波器外壳发生电气短路。为此，为了保证测量的顺利进行，可将其中一个探头的地线取下或外包绝缘，只使用其中一路的地线，这样从根本上解决了这个问题。当需要同时观察两个信号时，必须在被测电路上找到这两个信号的公共点，将探头的地线接于此处，探头各接至被测信号，只有这样才能在示波器上同时观察到两个信号，而不发生意外。

（3）为避免晶闸管意外损坏，实验时要注意以下几点：

1）在主电路未接通时，先要调试触发电路，只有触发电路工作正常后，才可以接通主电路；

2）要选择合适的负载电阻和电感，避免过流。在无法确定的情况下，应尽可能选用大的电阻值。

（4）由于晶闸管持续工作时，需要有一定的维持电流，故要使晶闸管主电路可靠工作，其通过的电流不能太小，否则可能会造成晶闸管时断时续，工作不可靠。在本实验装置中，要保证晶闸管正常工作，负载电流必须大于 50mA。

十一、实验实物图

两重 12 脉冲整流电路实物图如图 4-15 所示。

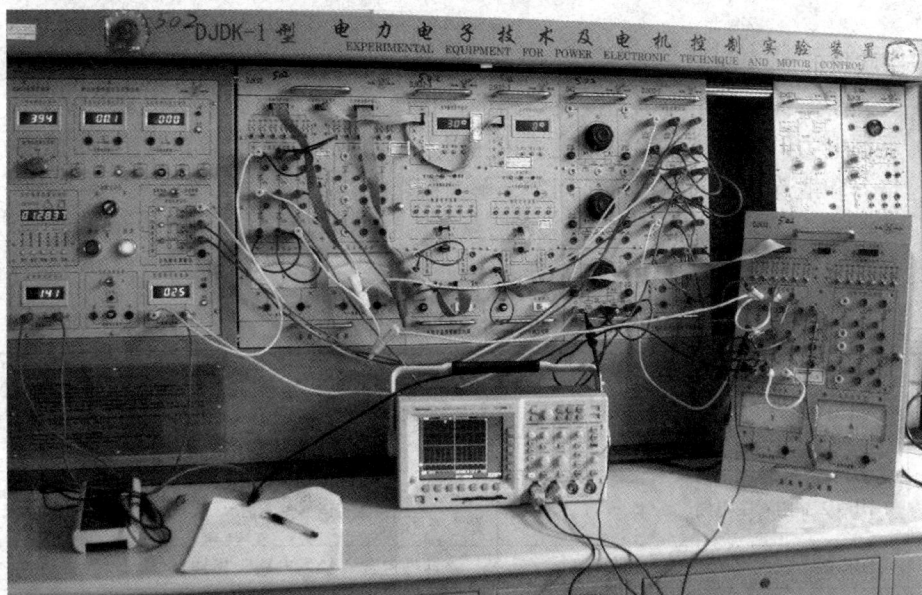

图 4-15　两重 12 脉波整流电路实物图

十二、相关知识

多重化整流电路，可以在相同的开关器件容量下提高变流电路的输出容量，高压直流输电工程中的变流阀就采用多重化整流的电路结构。多重化整流电路在扩容的同时也降低了谐波含量和电磁干扰强度。

多重化技术同时应用于逆变、直流斩波等变流电路，非常适用于高压/大电流等大功率应用场合。

实验 3　电力电子变流实验输出异常分析

一、实验目的

（1）进一步掌握有关电力电子变流电路的工作原理、工作过程、各电量的波形。

（2）掌握电力电子变流装置的系统组成，以及各组成部分对装置正常工作的影响。

（3）培养和锻炼发现问题、分析问题、解决问题的能力。

二、实验所需挂件及仪表

电力电子变流实验所需挂件及仪表见表 4-5。

表 4-5　　　　　　　　　　电力电子变流实验所需挂件及仪表

序号	型号及名称	备 注
1	DJK01 电源控制屏	该控制屏包含"三相电源输出""直流电压表""直流电流表""励磁电源"等模块
2	DJK02 晶闸管主电路	该挂件包含"三相正、反桥主电路""同步信号输出、电感"等模块
3	DJK02-3 三相晶闸管触发电路	该挂件包含"触发电路"模块
4	DJK10-1 三相芯式变压器及不控整流	该挂件包含高、中、低压三个"三相绕组"模块
5	D42 三相可调电阻	负载电阻
6	双踪示波器	
7	万用表	

三、实验线路

该实验采用的是三相半波可控整流及有源逆变电路，其工作原理详见电力电子技术教材中的有关内容。

三相半波可控整流带有电阻性负载的实验电路如图 4-16 所示。

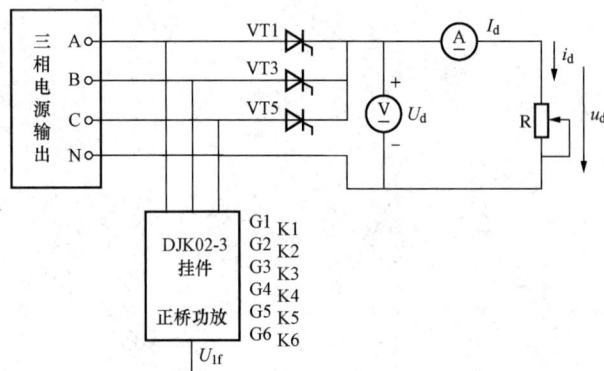

图 4-16　三相半波可控整流电路实验原理图

晶闸管用 DJK02 正桥组的三个（参见图 1-6），电阻 R 用 D42 三相可调电阻，将两个

900Ω 电阻接成并联形式，三相触发信号由 DJK02-3 提供。直流电压、电流表由 DJK01 提供。

三相半波有源逆变实验电路如图 4-17 所示。

晶闸管、电阻 R 同三相半波可控整流电路，Ld 电感采用 DJK02 面板上的 700mH，直流电源采用 DJK01 上的励磁电源，其中 DJK10-1 中的芯式变压器当作升压变压器使用，变压器接成 Yy 接法，逆变输出的电压接芯式变压器的中压端 Am、Bm、Cm，返回电网的电压从高压端 A、B、C 输出。直流电压、电流表均在 DJK01 上。

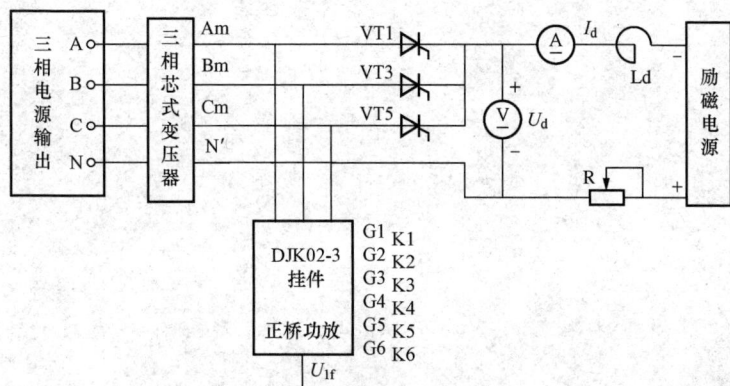

图 4-17　三相半波有源逆变电路实验原理图

四、实验内容

实验开始前由教师在每个实验台的某一环节设置故障。

（1）在不通电的情况下按图 4-16 连接实验电路。DJK01 挂件上"调速电源选择开关"置于"直流调速"侧。

（2）将电阻器放在最大阻值处，按下"启动"按钮。用示波器观察并记录三相电路中 $\alpha = 30°$、$60°$、$90°$、$120°$、$150°$时整流输出电压 u_d 的波形。

（3）判断输出电压 u_d 的波形是否正常。

（4）分析 u_d 波形异常的原因，逐条列出变流装置系统可能存在故障的部分，并对列出的装置部分逐一进行测试，肯定或否定所做的猜测；最后确定输出波形异常的原因。

（5）在不通电的情况下按图 4-17 连接实验电路，重复实验内容（1）~（4）。

五、预习要求

阅读电力电子技术教材中有关电力电子变流装置系统组成、三相半波整流电路、有源逆变电路等内容，以及本实验指导书中第 3 章"实验 3 三相半波可控整流及有源逆变"的内容。

六、实验报告

（1）画出图 4-16 实验电路输出电压 u_d 的波形。

（2）列出判断 u_d 波形异常的判据。

（3）分析引起 u_d 波形异常的原因的详细过程。注意：这一部分是实验报告的重点内容，要有具体的结论。

（4）画出排除故障后图 4-16 实验电路输出电压 u_d 的波形。

（5）对照图 4-17 实验电路，重复（1）~（4）步骤。

七、注意事项

（1）可参考第 3 章实验 1 的注意事项。

（2）整流电路与三相电源连接时，一定要注意相序，必须一一对应。

（3）为防止逆变颠覆，逆变角必须设置在 $90°>\beta>30°$ 范围内。

（4）在实验过程中调节 R，必须监视主电路电流，防止因 β 变化引起主电路出现过大的电流。

（5）在实验接线过程中，注意三相芯式变压器高压侧和中压侧的中性线不能接在一起。

实验 4 DJK02-3 为单相桥式变流电路提供触发脉冲的可行性研究

一、实验目的

（1）进一步掌握 DJK02-3 挂件输出的正桥触发脉冲、反桥触发脉冲的相位特性。

（2）进一步掌握单相桥式变流电路对触发脉冲的要求。

（3）研究 DJK02-3 为单相桥式变流电路提供触发脉冲的可行性。

（4）若（3）可行，给出具体方案。

（5）培养和锻炼发现问题、分析问题、解决问题的能力。

二、实验内容

（1）测试 DJK02-3 挂件输出的正桥触发脉冲、反桥触发脉冲的相位特性。分析 DJK02-3 挂件是否可为单相桥式变流电路提供触发脉冲。

（2）若（1）可行，构成适应 DJK02-3 挂件触发脉冲的单相桥式变流主电路 DJK02 挂件上的晶闸管应如何配合。验证理论分析。

三、预习要求

（1）阅读电力电子技术教材中有关单相桥式整流电路的内容，掌握单相桥式变流电路对触发脉冲的要求。

（2）阅读电力电子技术教材中有关三相桥式整流电路的内容，掌握三相桥式变流电路的触发脉冲的相位特性。

四、实验所需挂件及仪表

DJK02-3 为单相桥式变流电路提供触发脉冲的可行性研究实验所需挂件及仪表见表 4-6。

表 4-6   实验所需挂件及仪表

序号	型号及名称	备 注
1	DJK01 电源控制屏	该控制屏包含"三相电源输出""直流电压表""直流电流表""励磁电源"等模块
2	DJK02 晶闸管主电路	该挂件包含"三相正、反桥主电路""同步信号输出、电感"等模块
3	DJK02-3 三相晶闸管触发电路	该挂件包含"触发电路"模块
4	DJK10-1 三相芯式变压器及不控整流	该挂件包含高、中、低压三个"三相绕组"模块
5	D42 三相可调电阻	负载电阻
6	双踪示波器	
7	万用表	

五、实验线路

自拟测试 DJK02-3 挂件输出的正桥触发脉冲、反桥触发脉冲相位的电路。

自拟单相桥式整流电路、单相桥式有源逆变电路；说明各电路元器件，尤其是构成整流桥的 4 个晶闸管分别取自哪里；说明交流电源的情况。

六、实验方法

（1）测试并记录 DJK02-3 挂件输出的共 12 个正桥触发脉冲、反桥触发脉冲，波形记入

表 4-7 中。记录脉冲波形时，要能明确表示各脉冲的相位关系。

表 4-7　　　　　　　　　　　　　正桥、反桥共 12 个触发脉冲

正反桥	测试点	波　形
正桥触发脉冲	u_{G1K1}	
	u_{G2K2}	
	u_{G3K3}	
	u_{G4K4}	
	u_{G5K5}	
	u_{G6K6}	
反桥触发脉冲	$u_{G1'K1'}$	
	$u_{G2'K2'}$	
	$u_{G3'K3'}$	
	$u_{G4'K4'}$	
	$u_{G5'K5'}$	
	$u_{G6'K6'}$	

（2）根据对上述 12 个触发脉冲相位关系的分析研究，确定哪几个脉冲满足单相桥式变流电路对触发脉冲的要求，从而确定由哪几个晶闸管可以构成一个单相桥式变流电路的主电路。

（3）由选定的晶闸管及其他元器件，搭建单相桥式整流电路，观察并记录输出电压的波形，测量并记录输出电压的大小（自拟数据记录表格）。

（4）由选定的晶闸管及其他元器件，搭建单相桥式有源逆变电路，观察并记录输出电压的波形，测量并记录输出电压的大小（自拟数据记录表格）。

七、思考题

（1）如何测试 DJK02-3 挂件输出的正桥触发脉冲、反桥触发脉冲？测试点设置在哪里比较好？

（2）采用双踪示波器，如何安排测试程序，才能得到正桥、反桥共 12 个触发脉冲波形的相位关系？

（3）单相桥式变流电路对触发脉冲的要求为何？

（4）三相桥式变流电路的 6 个触发脉冲的相位关系如何？

（5）如图 4-18 所示单相桥式变流原理电路，哪些晶闸管的触发电路允许有公共端？哪些晶闸管的触发电路不允许有公共端？

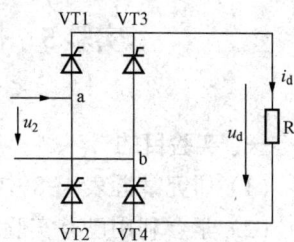

图 4-18　单相桥式
变流原理电路

（6）对于用选定的晶闸管搭建的单相桥式变流电路，应选择哪一相交流电源电压？对于所选择的晶闸管及交流电源电压，又如何确定实际触发角的大小？

八、实验报告

（1）根据对 DJK02-3 挂件输出的正桥触发脉冲、反桥触发脉冲的测试记录，分析 DJK02-3 可否为单相桥式变流电路提供触发脉冲，并给出明确的结论。

（2）给出结论，即哪几个晶闸管可以构成一个单相桥式变流电路的主电路。

（3）画出各实验电路。

（4）对于各思考题，要写出详细的分析过程、结论。

九、注意事项

（1）可参考第 3 章实验 1 的注意事项（1）。

（2）对于不允许有公共端的触发电路，不能连接在一起。

实验 5　带电流双象限电路的在线式 UPS 系统设计

一、实验目的

（1）研究掌握表 4-8 中有关挂件的特性和功能。

（2）学会利用已有实验挂件实现较复杂的变流电路。

（3）掌握复合斩波电路在电力系统中的应用。

（4）掌握带电流双象限电路的在线式 UPS 系统的设计方法。搭建并调试带电流双象限电路的在线式 UPS 系统。

（5）培养和锻炼发现问题、分析问题、解决问题的能力。

二、实验所需挂件及仪表

带电流双象限电路的在线式 UPS 系统设计实验所需挂件及仪表见表 4-8。

表 4-8　　　　　　　　　　　　　　　实验所需挂件及仪表

序号	型号及名称	备　　注
1	DJK01 电源控制屏	该控制屏包含"三相电源输出""直流电压表""直流电流表""励磁电源"等模块
2	DJK09 单相调压与可调负载	该挂件包含"单相自耦调压器""整流与滤波""可调电阻"等模块
3	DJK20 直流斩波电路	该挂件包含"主电路元器件""整流电路""控制与驱动电路""PWM脉宽调节"等模块
4	DJK14 单相交直交变频原理	该挂件包含"控制电路""驱动电路""主电路"等模块
5	D42 三相可调电阻	负载电阻
6	蓄电池	
7	双踪示波器	
8	万用表	

三、设计内容

设计一带电流双象限电路的在线式 UPS 系统，其组成框图如图 4-19 所示。

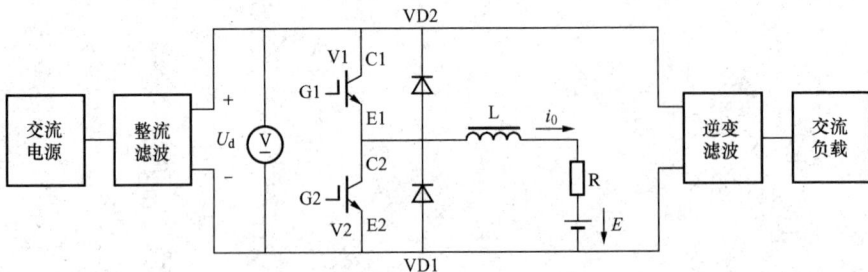

图 4-19　带电流双象限电路的在线式 UPS 系统组成框图

要求交流电源正常时，逆变电路由整流输出供电，同时电流双象限电路工作在第一象限，$i_0>0$，整流输出经 Buck 电路降压对蓄电池充电，使蓄电池恢复到标称电压；当交流电源中断整流无输出时，电流双象限电路立即转入第二象限（$i_0 < 0$），并以 Boost 工作模式将电压由 E 升高到 U_d 向逆变电路供电，维持不间断供电直至交流电源恢复正常。

（1）确定图 4-19 所示电路各组成部分分别由哪一挂件的哪一部分组成。

（2）研究设计电流可逆复合斩波电路，确定控制方法。

（3）要求逆变输出交流电压的大小为 48V，确定直流电压 U_d 的数值。

（4）确定有哪些电量需要调节。

四、实验内容

完成上述设计工作后，进入本环节：

（1）搭建并调试带电流双象限电路的在线式 UPS 系统。

（2）记录有关电量的波形和测量结果。

五、预习要求

（1）阅读电力电子技术教材中有关 UPS、电流可逆复合斩波电路、单相正弦波脉宽调制（SPWM）逆变的内容，掌握各个电路的系统组成。

（2）阅读本实验指导书中第 1 章有关表 4-8 所提及的各挂件的介绍，掌握各挂件能实现的功能。

六、实验报告

（1）画出带电流双象限电路的在线式 UPS 系统的主电路，说明各个部分分别取自哪一挂件。

（2）说明 U_d 的数值是多少，并回答如何得出这一结论。说明如何进行调节，使 U_d 为所需要的数值。

（3）各有关电量的波形和测量结果。

（4）实验结论。

七、注意事项

（1）可参考第 3 章实验 1 的注意事项（1）。

（2）对于不允许有公共端的触发电路，不能连接在一起。

第 5 章　MATLAB 仿真实例

仿真系统是在计算机平台上虚拟实际的物理系统，不受空间、时间、物质条件的限制。当学生有一些想法和创造的灵感时，马上可以通过仿真来验证，这对培养学生的创新能力无疑具有重要的意义。

目前在应用于电力电子电路的众多仿真软件中，MATLAB 和 PSpice 最具影响。这两种软件都有很好的人机对话图形界面和内容丰富的模型库，在近几年的版本中已经都包含了电力电子器件和电机的模型，可以用于电力电子电路和电力拖动控制系统的仿真。两者各有特点，PSpice 的电子元器件模型种类齐全，模型精细，可以从事复杂精巧的大规模集成电路的设计和制造；MATLAB 的电力电子器件使用的是宏规模，主要只是反映器件的外特性，但具有强大的控制功能，用于系统的仿真更方便。目前两个软件也在互相渗透与融合，即 PSpice 可以连接 MATLAB，MATLAB 也可以连接 PSpice。本章的仿真是在 MATLAB 的基础上进行的。有关 PSpice 的仿真请见第 6 章。

本章以三相半波可控整流电路为例，说明基于 MATLAB 的、图形化的电力电子仿真技术的基本方法。三相半波可控整流的原理电路如图 5-1 所示。

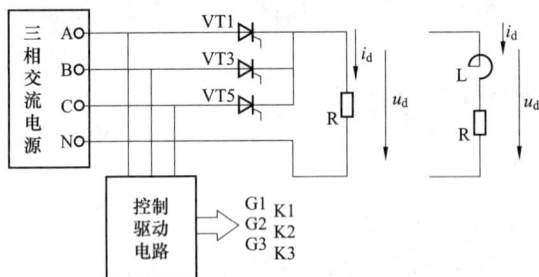

图 5-1　三相半波可控整流原理电路

5.1　建立仿真模型

1. 建立仿真模型新文件

本次仿真在 MATLAB 2014a 环境下进行，其主界面如图 5-2 所示。相比于之前的版本，MTLAB 2014a 模型量更完善，窗口化程度更高，能为学生提供更全面的模块和更便捷的操作；但是其运行时将占用大量内存，建议在仿真前预留出大量空间。

如图 5-2 所示，点击"新建 \ SIMULINK \ Simulink model"，即会出现空白的仿真平台。在该平台上可以建立电路的仿真模型，同时可以在"File 菜单"下给文件命名，在本例的文件名为 rectifier3b。随着对 MATLAB 学习的深入，大家将会了解到 MATLAB 模型的建立还能有很多其他途径。

2. 提取电路元器件模块

在仿真模型窗口的菜单栏上点击图标▦，调出如图 5-3 所示的模型库预览器（Simulink

Library Browser）。对于电力电子电路的仿真，Simulink 与 SimPower Systems 模块库包含了常用的元器件模型，如图 5-3 所示。在模型库中单击所需调用的功能模块，直接将其拖到仿真平台上。按此方法，在模型库中调用三相半波可控整流仿真实验所需的模块放到仿真平台上，如图 5-4 所示。

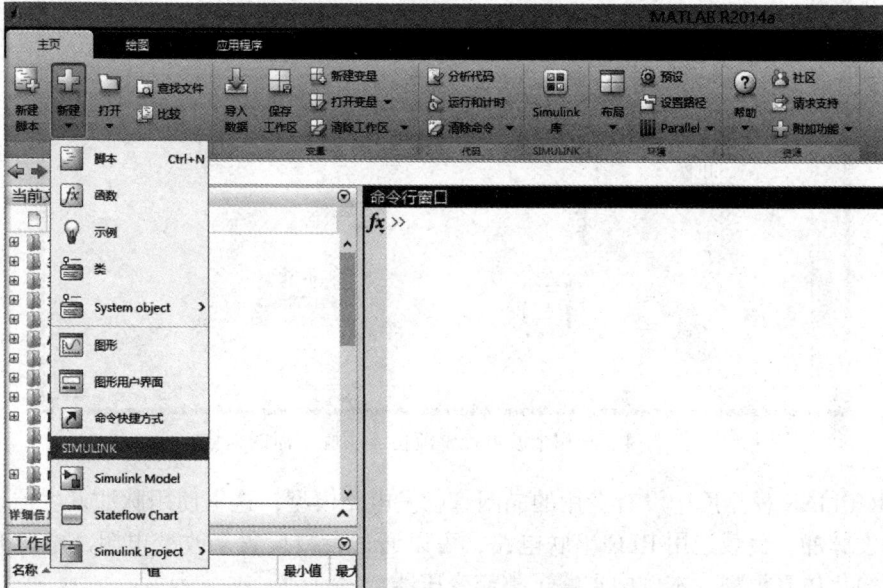

图 5-2　MATLAB 2014a 主界面

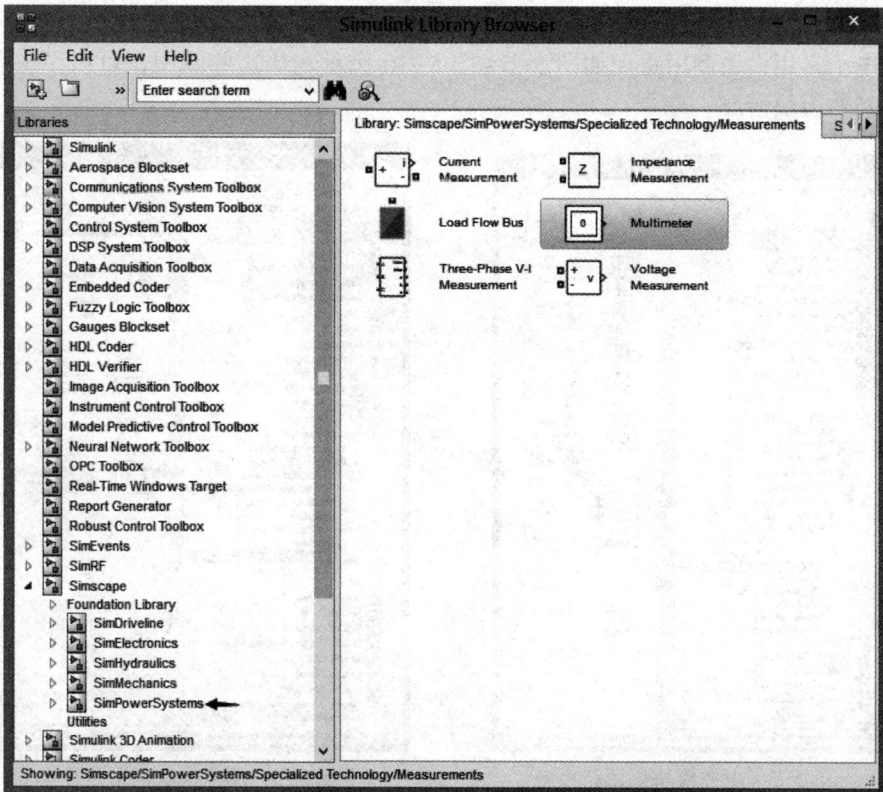

图 5-3　模型库预览器（Simulink Library Browser）

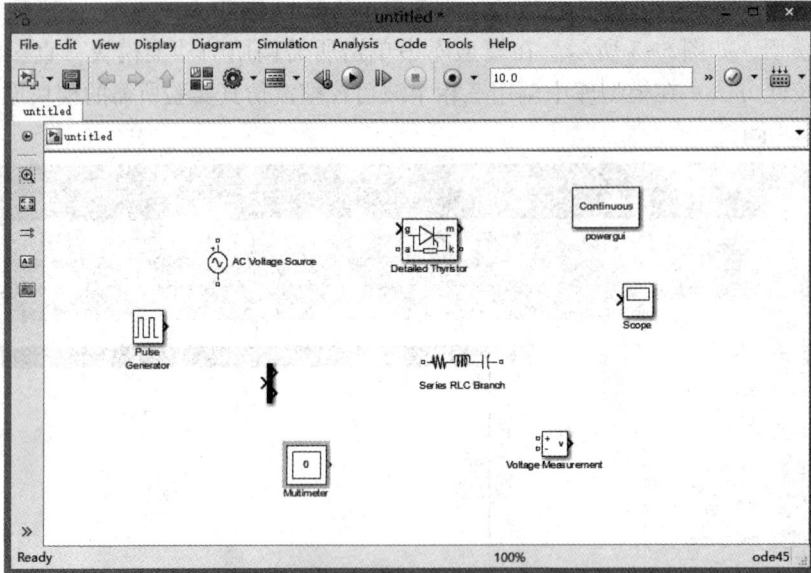

图 5-4　三相半波可控整流仿真实验所需的模块

在 SIMULINK 模型库中没有专用的晶闸管触发电路模型，这里使用脉冲发生器来产生晶闸管的触发脉冲。负载选用 RLC 串联电路，可以通过参数设置来改变电阻、电感和电容组合。为了简化仿真模型，本例中省略了整流变压器。

必须注意的是：在仿真模型中必须要添加 powergui 模块，否则是不能进行仿真的。这个模块中存放电路模型的数学模型。

电力电子常用模块调用路径如图 5-5~图 5-10 所示。从这些图中也可以了解各模型库中包含的基本模块情况。

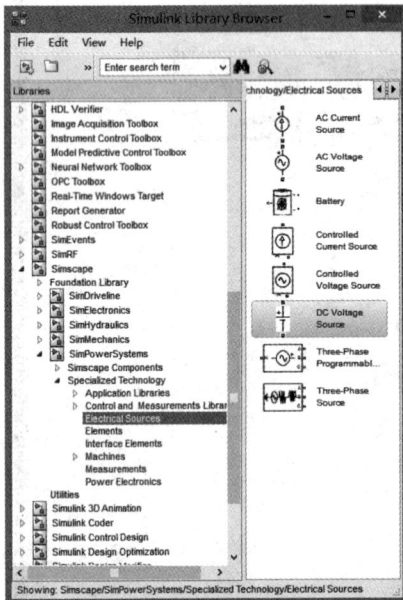

图 5-5　电源模块调用路径

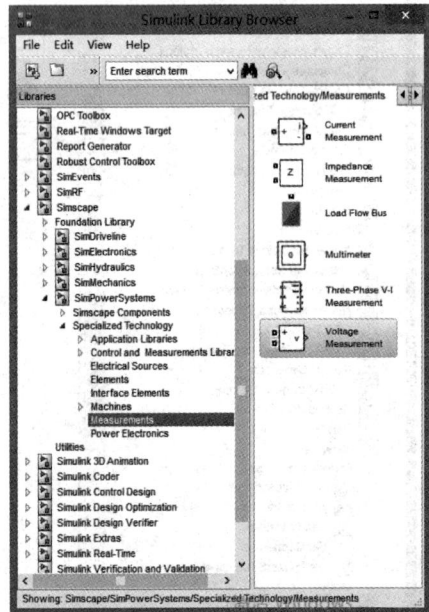

图 5-6　测量模块调用路径

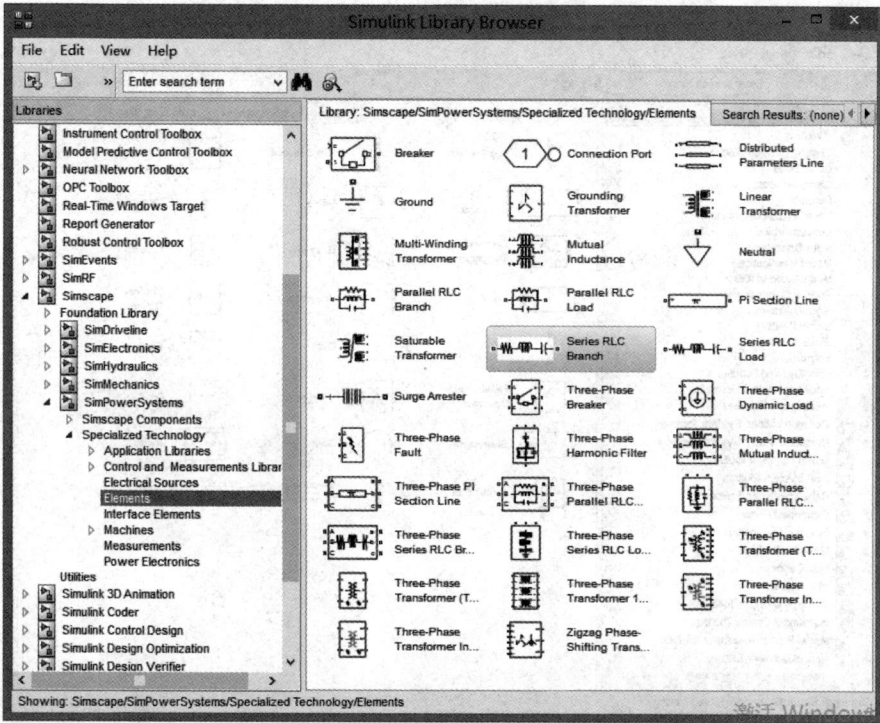

图 5-7　基础元器件模块调用路径

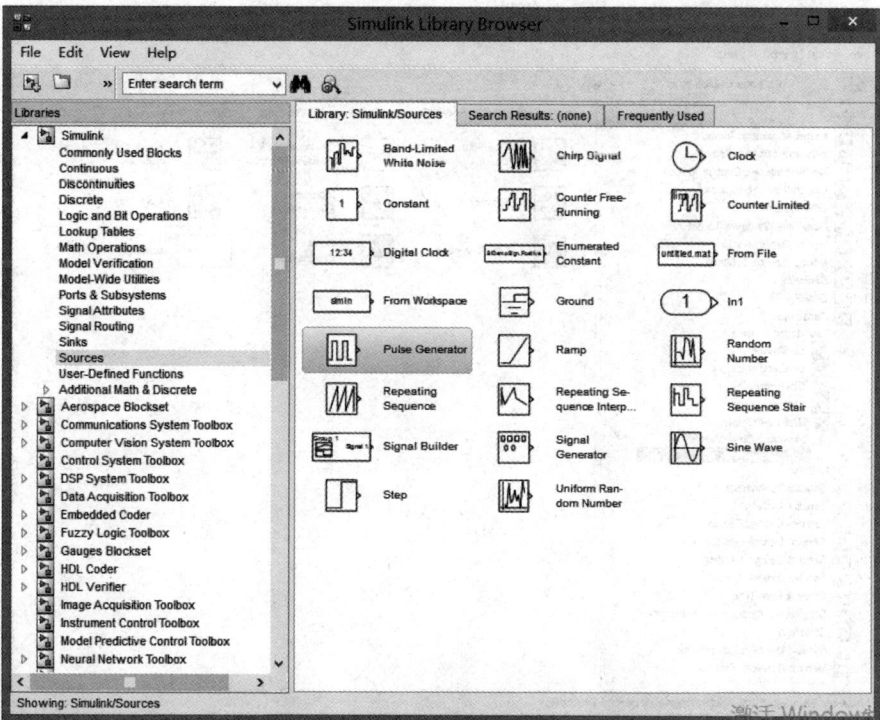

图 5-8　脉冲信号发生器模块调用路径

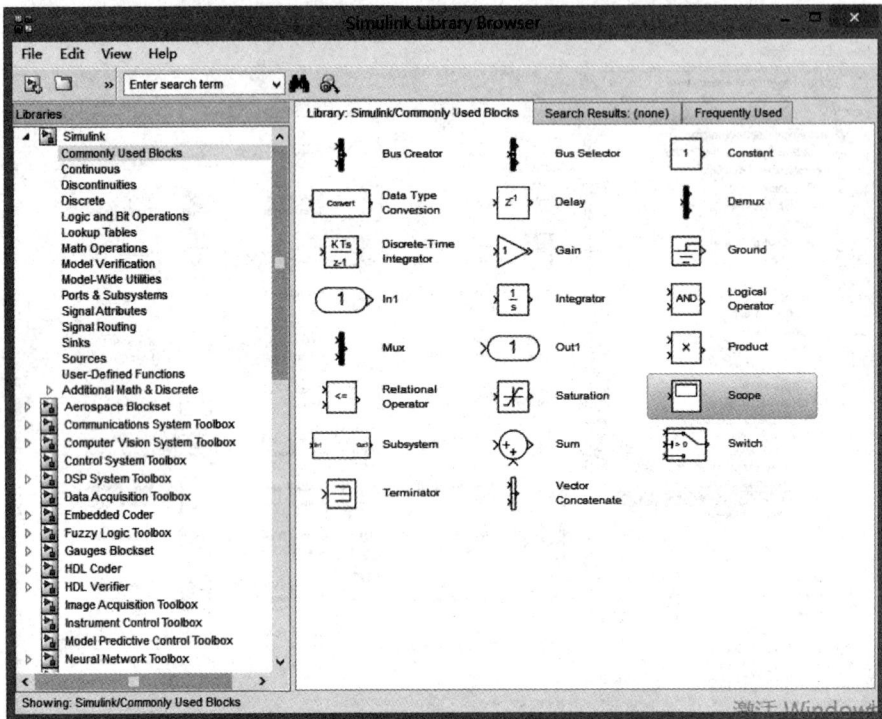

图 5-9　示波器以及辅助模块调用路径

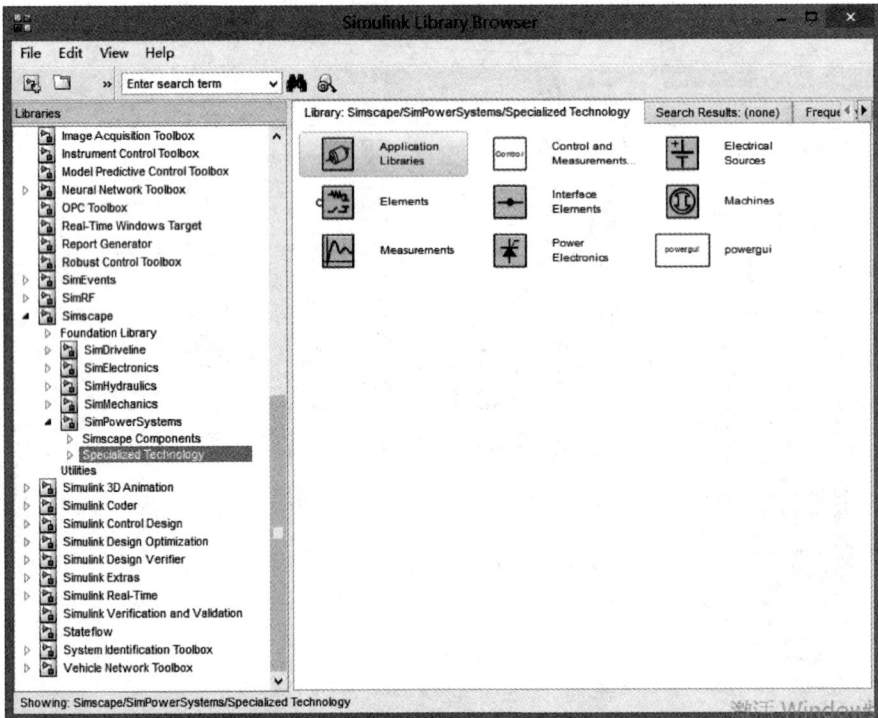

图 5-10　powergui 模块调用路径

　　对于初学者而言，许多模块很难第一时间判别出其准确的调用路径，MATLAB 提供
了模块搜索功能。如图 5-11 所示，以 powergui 为例，点击图中箭头所指 🔍 即可进行搜
索。随着使用 MATLAB 的次数和经验增加，常用的模块可以直接从常用模块存储库调
出进行使用，无需经过层层的路径寻找。如图 5-11 所示，粗线处的 Frequently Used 即为
常用模块存储库。

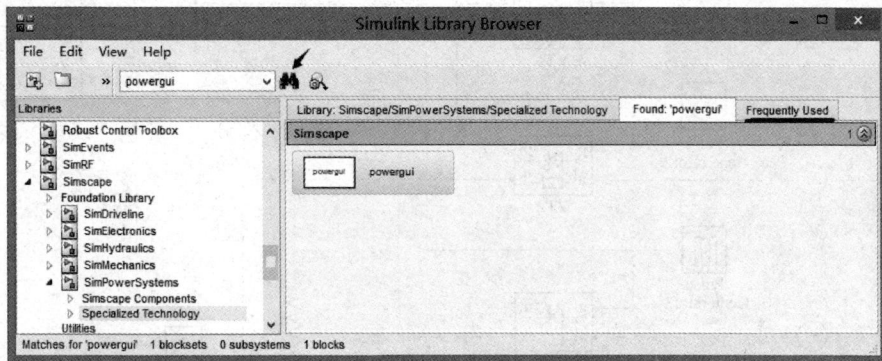

图 5-11　MATLAB 模型库中的搜索和存储功能

　　3. 连接仿真电路

　　（1）根据图 5-1 所示的三相半波可控整流原理电路，先将各模块移动到合适的位置。具
体方法是，将鼠标指针置于待移动模块图标上，按住鼠标左键将模块图标拖动到目的地，松
开鼠标左键即可完成模块移动。

　　（2）连接两个模块的方法。鼠标左键点住一个模块的输入或输出端口，当鼠标指针
变为十字形后，拖动至另一个模块端口，鼠标指针将变为双十字形状，然后松开鼠标
左键，这样一根最简单的信号线将两个模块连接起来，信号线的箭头方向表示信号的
流向。

　　（3）双击信号线，该信号线的下面会出现一个矩形框，在矩形框的光标处可以输入该信
号的说明标签（西文或汉字字符）。

　　（4）仿真电路中需要多个同一模块时，可以使用模块复制的方法。单击要复制的模
块，模块 4 个角出现小黑块，表示已经选中，直接按"Ctrl+C""Ctrl+V"组合键，即
可完成复制。新复制的模块和原来模块的名称会自动编号，以示区别，如图 5-12 中的
晶闸管。

　　（5）一个示波器可用于观测一路或多路信号，这需要对示波器的通道数量进行设置，具
体的参数设置将在下一节中详细论述。

　　（6）将三相交流电源名称改为 Ua、Ub、Uc，晶闸管名称改为 VT1、VT2、VT3。修改模
块名称的方法：用鼠标点击该模块名，点击后模块名的外侧出现小框，"｜"光标在框内闪
烁，这时可以和文本文件一样，修改模块名称。

　　通过以上步骤可得到，三相半波可控整流仿真电路模型，如图 5-12 所示。

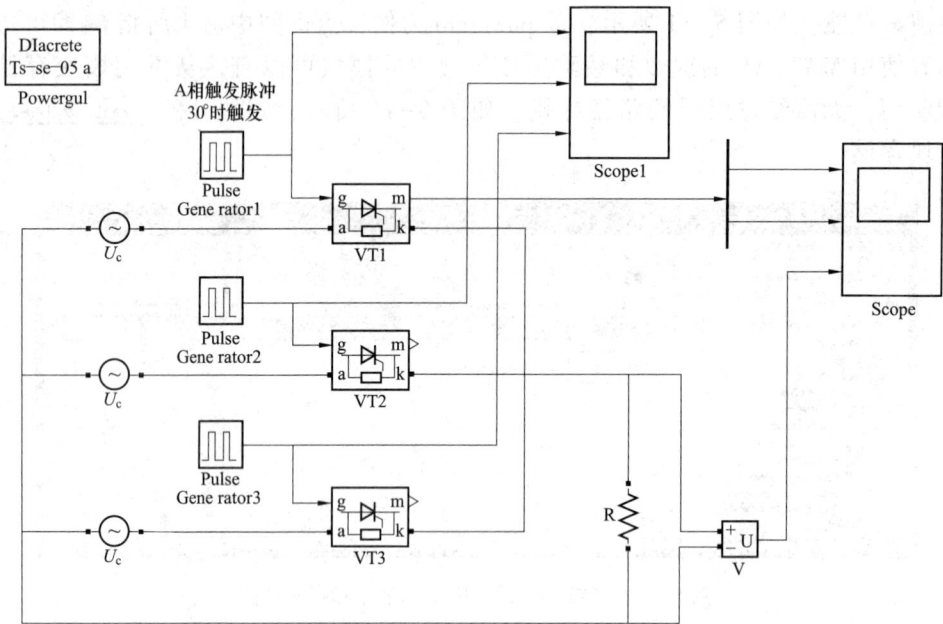

图 5-12　三相半波可控整流仿真电路模型

5.2　设置模型参数

设置模型参数是保证仿真实验准确和顺利的重要一步。有些参数是由仿真任务规定的，如本例中的电源电压、电阻值等；有些参数需要通过仿真来确定。设置模型参数的方法是，双击模型图标，弹出参数设置对话框，然后按框中提示输入。若对元件有疑惑之处可以借助"Help 帮助"。本例有关模块的详细参数设置如下：

1. 三相电源参数设置

交流电压源 Ua 的参数如下：电压为 220V，初始相位为 0°，频率为 50Hz。图 5-13 为 MATLAB 环境下 Ua 的参数设置。其中：

"Peak amplitude" 为电压源峰值参数，输入 "220 * sqrt（2）"，表示在 Matalb 中输入 "220 根号 2" 的数值量。MATLAB 中，某些字符串可以代替数值，如 "pi" 表示 "π"。

"Phase" 为相位输入，其单位是 "°"（deg），A 相为 0°，B 相为 120°（或 240°），C 相为 240°（或 120°）。

"Frequency" 为频率，设置为 50。

"Sample time" 为采样时间。参数可以单独在此设置，也可以在 powergui 里统一设置。如果在 powergui 里统一设置，则可以不用在此设置。

2. 触发信号参数设置

触发信号是电力电子控制电路里的重点，脉冲发生器的周期 T 必须和交流电压源同步，参数设置如图 5-14 所示。

通常不要更改"Pulse type"和"Time"的选项。

"Amplitude"为方波信号幅值，对于简单的仿真电路，与设置大于 0 的数值效果相同，本例设置为 1。

"Period"为一个周期触发的时间设置，本例设置为 0.02s。

"Pulse Width"为占空比设置，本例设置为 10%。

"Phase delay"为延时时间设置，即触发角（控制角）设置。在 MATLAB 中，触发角设置是靠时间延时来完成的。在单相可控整流电路中，对于一个周期为 T 的脉冲，若触发角为 α，则参数设置为 $\alpha \times T/360°$。在三相可控整流电路中，对于 A 相，"Phase delay"设置为 $(30°+\alpha) \times T/360°$。本例中取 $\alpha = 0°$，"Phase delay"设置为 30°×0.02/360°。对于 B 相，延时 A 相 120°，因此 B 相的触发角设置应为 $(30°+\alpha+120°) / 360°$。依此类推。

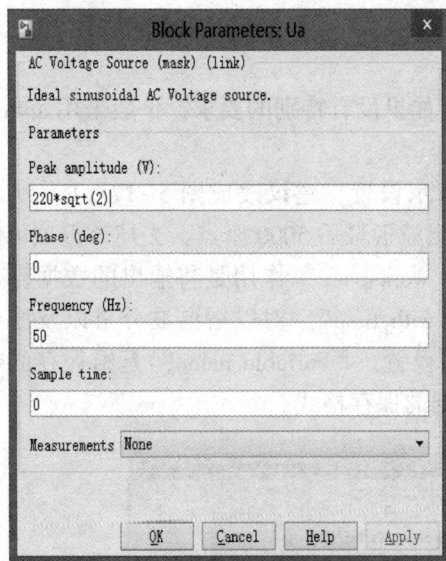

图 5-13　A 相交流电源参数设置　　　　　图 5-14　脉冲触发信号参数设置

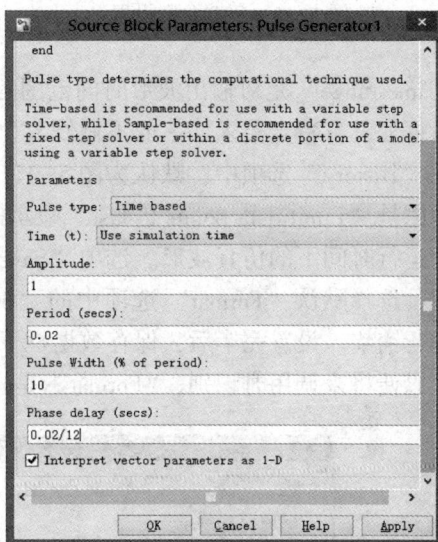

3. 负载设置

本例中采用纯电阻负载，首先选择负载的类型，在图 5-15 所示的"Branch type"下拉框中选择"R"（电阻）选项，然后设置参数 R=1Ω。

模型参数设置完毕之后，可再进行下一个步骤。

4. 示波器参数设置

双击示波器模块，出现 Scope 窗口，如图 5-16 所示。MATLAB 2014a 版本增加了"Style"的选项，其作用是更改运行后波形的线条颜色与背景。

在"General"选项中，设置"Number of axes"的参数即为输出波形的数量。本例设置了参数"3"，则输出通道数量为 3 个，可以显示 3 个电量的波形。

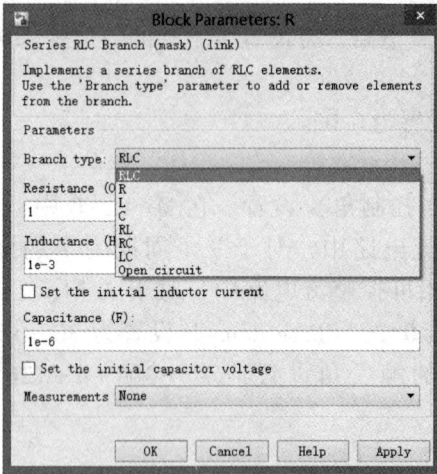

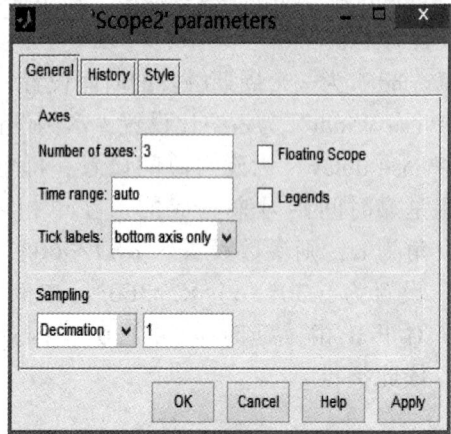

图 5-15　负载参数设置　　　　　　　图 5-16　示波器输入信号端口数量设置

"Time range"是对输出波形时间范围的设置，如果没有特别的要求，一般采用 auto。其余对话框如没有特定要求，一般不做修改。

在"History"选项中，默认为图 5-17（a）所示设置，建议改成图 5-17（b）所示设置。原因是"Limit data points to last"显示的是输出波形最后 5000 个点，去掉该选项可以显示整个运行时间下的仿真波形。选项"Save data to workspace"作用是将输出的数据存入数据库中，选择默认"Format"选项中的"Structure with time"，对以后谐波分析以及傅里叶变换进行铺垫。设置完毕后，保存数据栏下的两项设置，"Variable name"是给保存的数据命名，以便将来调用时识别，"Format"是选择数据的保存格式。

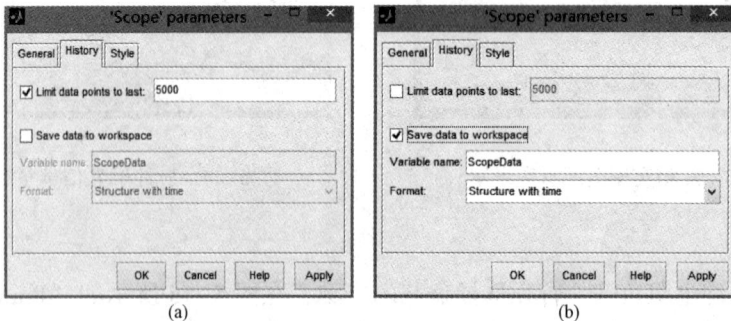

(a)　　　　　　　　　　　　　(b)

图 5-17　示波器参数设置
(a) 默认参数设置；(b) 建议参数设置

5. 晶闸管设置

直接使用模型的默认参数，也可以另外设置。

5.3　模　型　仿　真

在模型开始仿真前还必须先设置仿真参数。在菜单中选择"Simulation"，在下拉菜单中选择"Configuration parameters",在弹出的对话框中可设置的项目很多,主要有开始时间、终止时间、仿真类型(包括步长和解电路数值方法),以及相对误差、绝对误差等。步长、解法和误差的选择对仿真运行速度的影响很大,步长太大计算容易发散,步长太小计算时间太长。在难于确定时一般可选可变步长(variable-step)。仿真数值计算方法可选 ode15、ode23、ode45 等,误差选择 1/1000 对于电力电子的仿真准确度来说足够了。本例的仿真参数设置如图 5-18 所示。

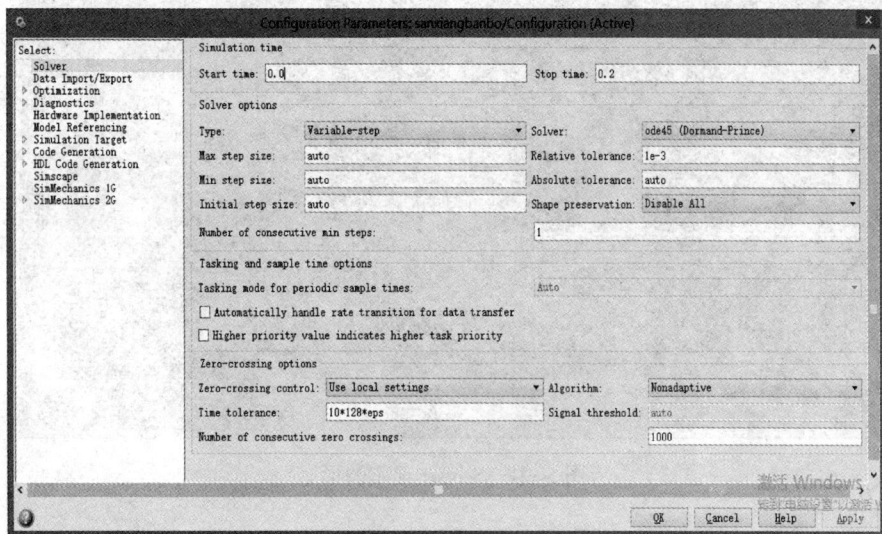

图 5-18　仿真参数设置

参数设置完成后可开始仿真。在菜单"Simulation"下选择"Start",或直接点击工具栏上的图标,仿真立即开始。在屏幕下方的状态栏上可以看到仿真的进程。若要中途停止仿真,可以选择"Stop"或工具栏上的图标。

仿真计算完成后可通过示波器观察仿真结果。双击示波器图标,即弹出示波器窗口显示输出波形。为了使波形处于示波器窗口的中间,需要调整坐标轴 Y 轴的范围。在示波器窗口的波形部分单击鼠标右键,出现图 5-19 所示的功能菜单,可选择"Autoscale"命令自动调整,也可以选择"Axes properties"进行设置。选择"Axes properties"即打开图 5-20 所示的对话框,这是 Scop1 中显示的 pulse 的 Y 轴范围设置情况。在图 5-20 所示的对话框中,还可以对显示的信号进行命名。

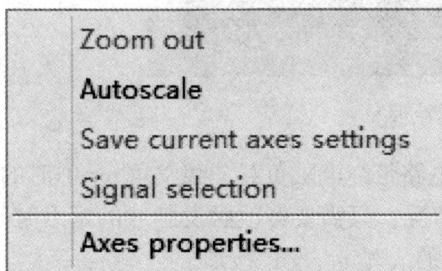

图 5-19　输出波形调节设置

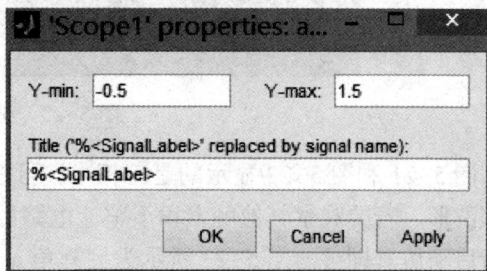

图 5-20　Y 轴范围设置

在图 5-12 所示的仿真电路中，示波器 Scope1 显示三相脉冲方波触发信号的波形，如图 5-21 所示；示波器 Scope 显示的晶闸管中的电流 i_{VT}、晶闸管两端电压 u_{VT}、输出电压 u_d 的波形，如图 5-22 所示。

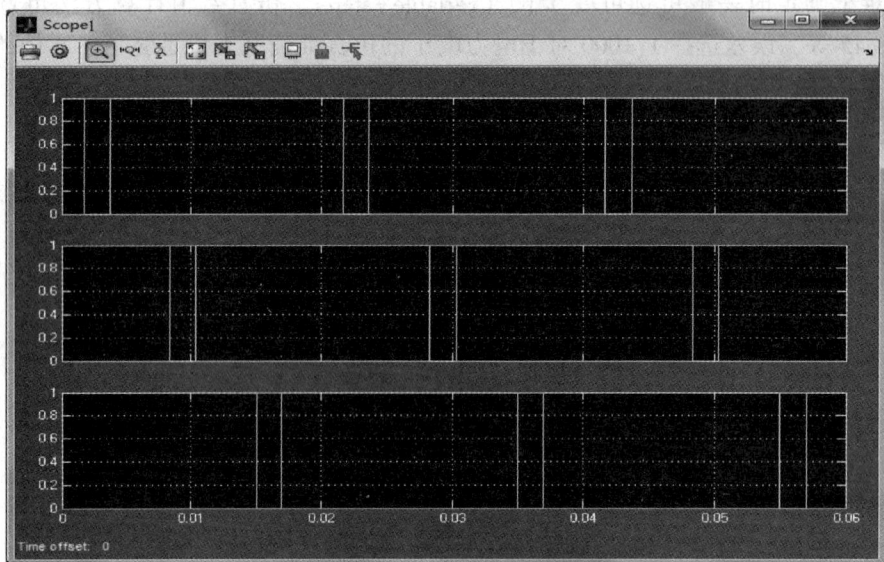

图 5-21   Scope1 显示波形

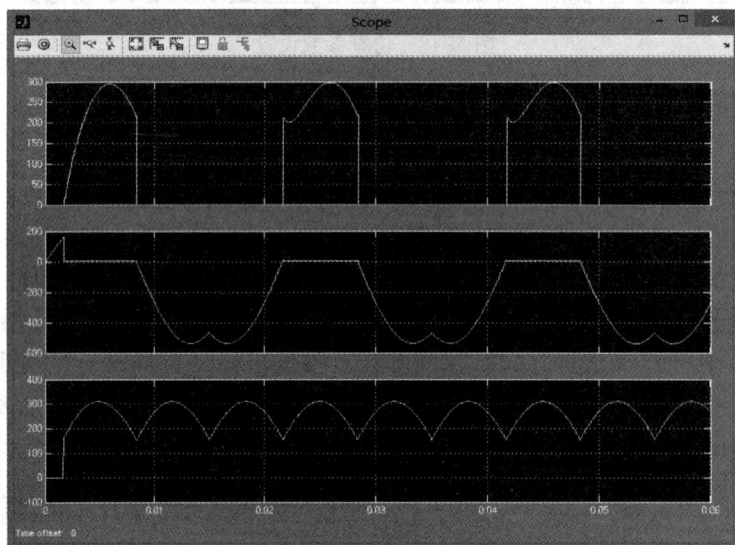

图 5-22   Scope 显示波形

图 5-21 和图 5-22 显示的是三相半波可控整流电路带纯电阻负载、触发角 $\alpha = 0°$ 时的各工作波形。若要观察其他触发角下整流电路的工作情况，只需要修改触发脉冲的延迟时间，重新启动仿真即可。图 5-23 所示为控制角 $\alpha = 30°$ 时的 i_{VT}、u_{VT}、u_d 波形。

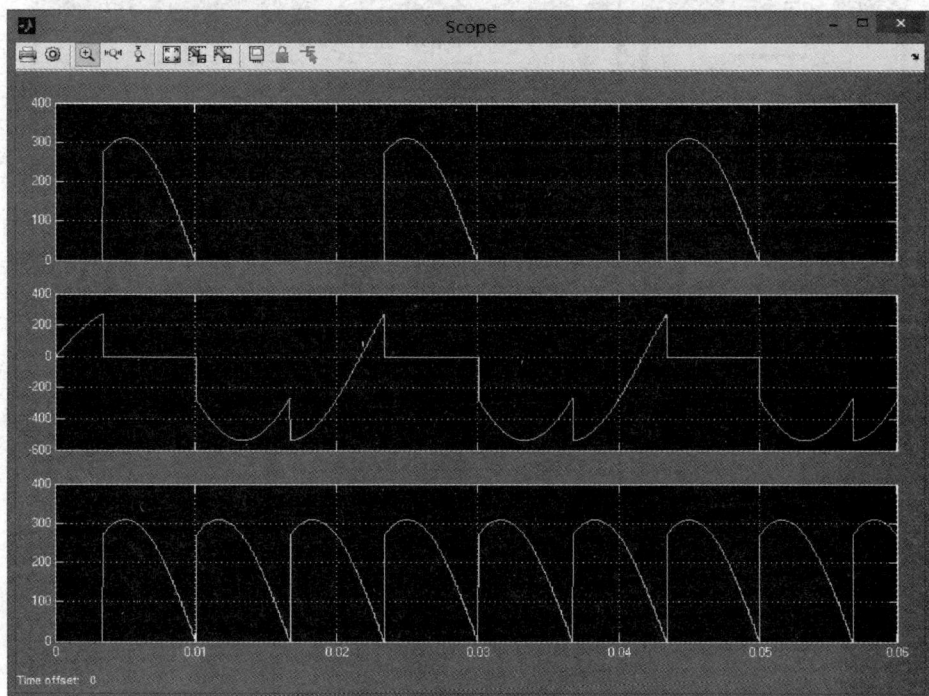

图 5-23　$\alpha = 30°$ 时 i_{VT}、u_{VT}、u_d 的波形

若要研究其他负载性质下整流电路的工作情况，只需要重新设置负载参数，如图 5-15 所示。如需要电阻电感性负载时，在图 5-15 中的 "Branch type" 中选择 RL 选项，再输入 $R=1$、$L=1e-3$，然后启动仿真即可。

5.4　谐　波　分　析

电力电子变流电路中，绝大部分电量都是非正弦的，含有谐波成分。要对某一电量进行谐波分析时，需要在示波器里设置 "Save data to workspace" 选项，如图 5-17（b）所示，并将整个仿真进行保存后再运行。

假设要分析整流输出电压 u_d 的谐波情况，在运行仿真之后，双击图 5-12 中的 "Power-gui" 模块，弹出如图 5-24（a）所示窗口，FFT 分析用的条件参数设置方法如图 5-24（b）所示。

需注意的是，在 FFT 参数设置过程中，"Frequency axis" 选项下，"Hertz" 模式表示 FFT 频谱分析是以频率形式呈现，而 "Harmonic order" 模式是以谐波次数形式呈现。点击 "Display" 按钮，得到如图 5-25 所示的 FFT 分析结果。该结果表明，三相半波可控整流输出电压 u_d 中含有 $3k$（$k=1,2,3\cdots$）次谐波，与理论分析结果相同。

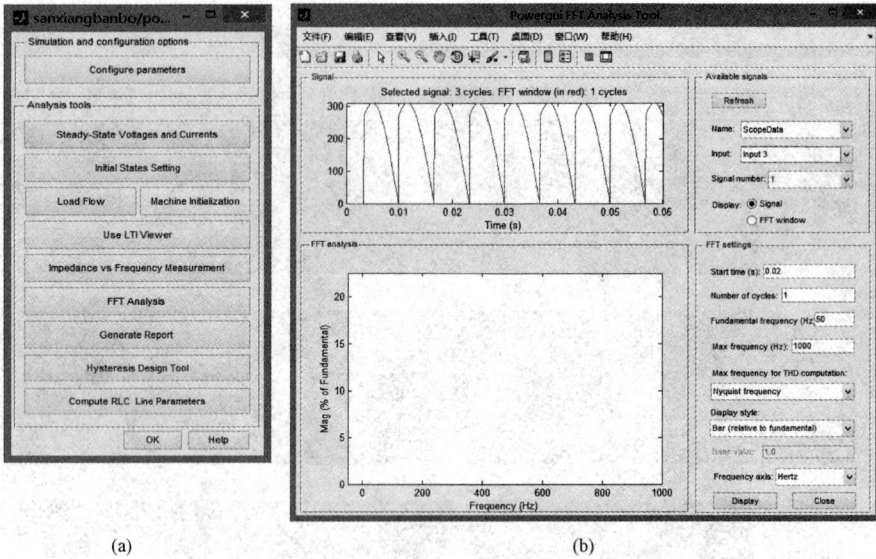

图 5-24　设置 Powergui 模块的 FFT 分析用的条件参数
(a) FFT 进入选项；(b) FFT 参数设置

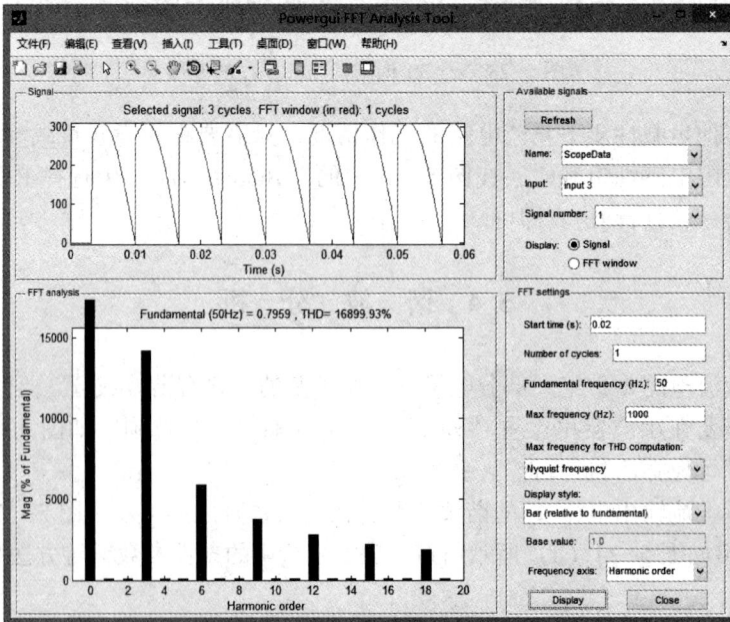

图 5-25　三相半波可控整流输出电压 u_d 谐波分析结果

5.5　MATLAB 兼容问题

由于新版本 MATLAB 2014a 优化程度更高，模块更完善，因此在运行仿真时，计算机需要预留大量的存储空间来保证运算速度。

　　建议一台计算机只安装一个版本的 MATLAB 软件，在安装新版本 MATLAB 软件之前先卸载旧版本以保证新版本运行的兼容问题。若有特殊原因不能卸载旧版本，那么在安装新版本 MATLAB 软件之后，很可能将旧版本所保存的仿真文件变成临时文件，同时将图标格式化，变成不可识别的图标。

　　若出现上述问题，需将旧版本的仿真文件还原。选择任意旧版本的仿真文件，"右键"→"打开方式"，选择旧版本的软件打开，即可将所有旧版本的仿真文件还原。若不进行上述的还原操作，在运行新版本时，系统很可能产生误识别文件的现象，将旧版本与新版本的仿真文件逐一进行运行，即出现了新旧版本的兼容问题，从而导致运行时间上的浪费。

第6章　OrCAD PSpice 仿真实例

　　OrCAD PSpice 是我国电力电子仿真中应用最广泛的软件。在 OrCAD 的集成环境内，可以实现从调用电路绘制程序 Capture CIS 在视窗环境下完成电路图的制作及分析设置，到调用电路仿真程序 PSpice 完成仿真与观测结果，再到印刷电路板设计 Layout Plus 或可编程逻辑元件设计 Express 等一系列操作，极大提升了工作效率。

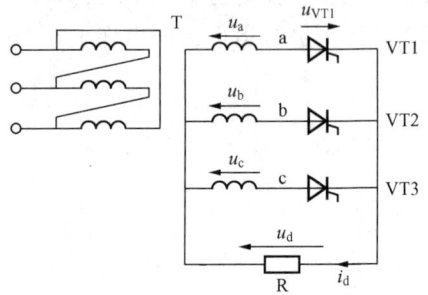

图 6-1　三相半波可控整流电路原理图

　　本章以三相半波可控整流电路为例，说明基于 PSpice 的图形化的电力电子仿真技术的基本步骤和基本方法。此仿真实验的原理电路如图 6-1 所示。

6.1　建 立 仿 真 模 型

　　1. 建立一个仿真模型的新文件

　　启动 OrCAD PSpice Capture CIS，其主界面如图 6-2 所示。

　　在 Capture 的菜单栏上点击 "File \ New \ Project…" 功能菜单，调出如图 6-3 所示的 New Project 对话框。

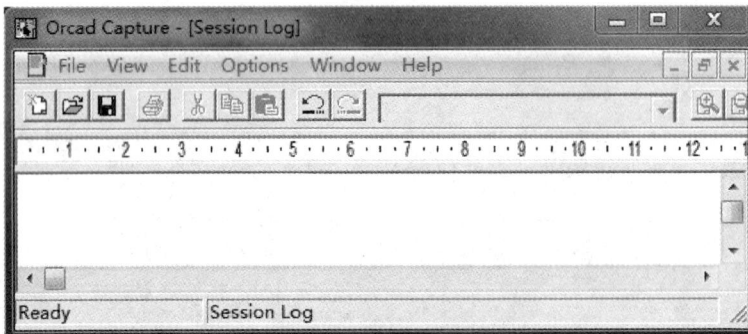

图 6-2　OrCAD Capture CIS 主界面

　　在 Name 栏内输入此次仿真项目的名称 "3phase"，在 Location 栏内输入（选择）本项目要储存的磁盘文件夹路径。由于需建立 PSpice A/D 电路图，在 Create a New Project Using 栏内选择 Analog or Mixed A/D 选项。点击 "OK" 按钮进入下一步设置，如图 6-4 所示。

　　选择创建空白项目，点击 "OK" 按钮，进入如图 6-5 所示的 SCHEMATIC 原理图绘制窗口画面，单击电路编辑区，出现图 6-5 右侧所示的绘图工具栏。

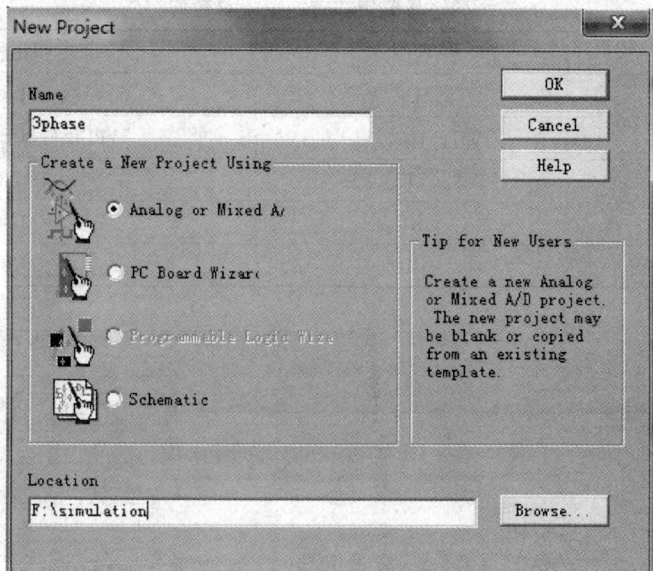

图 6-3　新建工程项目对话框

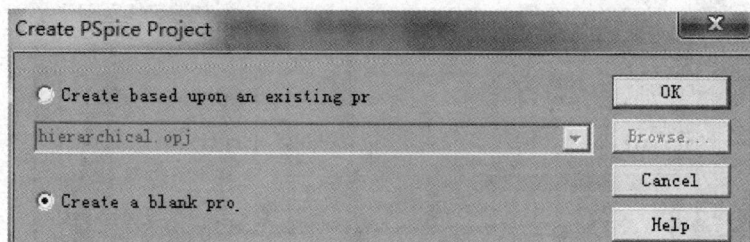

图 6-4　选择新建 PSpice 空白工程对话框

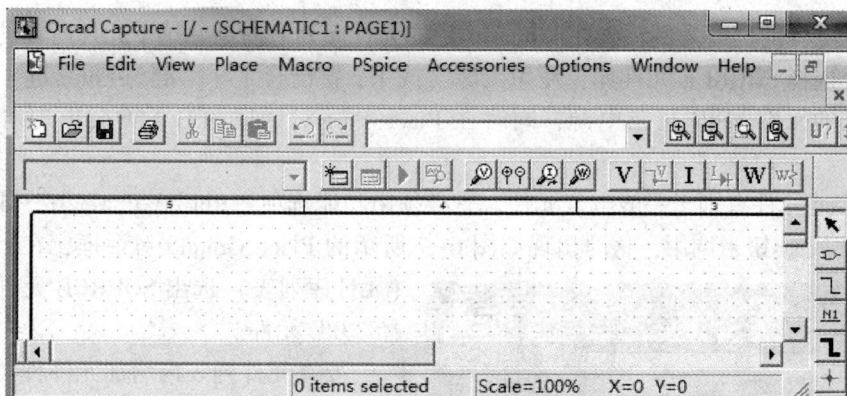

图 6-5　SCHEMATIC 原理图绘制窗口

2. 提取电路元器件

根据图 6-1 的电路原理图，本次仿真实验所用到的元器件及其信息见表 6-1。

在 Capture 的菜单栏上点击 "Place/Part…" 功能选项或单击绘图工具栏上的 按钮或快捷键 Shift+P，调出如图 6-6 所示的 Place Part 对话框。

表 6-1   本次仿真所用元器件信息及路径

器件	模型	模型库
输入电源	Va, Vb, Vc	VSIN/SOURCE. o1b
触发信号源	Vp1, Vp2, Vp3	VPULSE/SOURCE. o1b
晶闸管	VT1, VT2, VT3	2N1599/THYRISTR. o1b
电阻	R1	R/ANALOG. o1b
地	0	0/ SOURCE

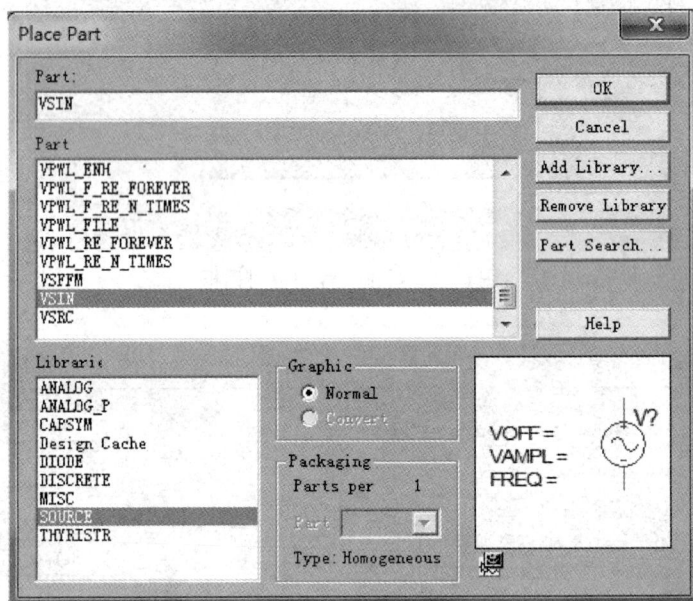

图 6-6　Place Part 对话框

　　以交流电源的选取为例，先在 Libraries 栏的元件库列表内选好这个元件所在的元件库文件名，此处选择 SOURCE 元件库，使用鼠标（或 Tab 键配合↑、↓键与 Enter 键）在 Part 栏内选出适当的元件 VSIN 正弦电源，同时在 Place Part 对话框的右下方会出现对应元件的外观。

　　GND 接地元件有别于一般电气元件，它必须由功能选项"Place \ Power…"或电路绘制工具栏的🔽或🔽钮来调用，这时出现如图 6-7 所示的 Place Ground 对话框，在 Libraries 栏（元件库列表）选出 SOURCE 元件库，并选择"0"元件。

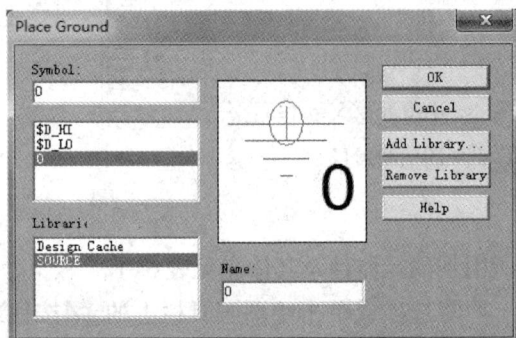

图 6-7　接地元件"0"的选取

　　要在元件列表内增加元件种类，可以按住 Ctrl 键后，使用鼠标左键在 Libraries 栏的元件库列表多选取几个元件库。如果按住 Shift 键后，使用鼠标左键在元件库列表的某个元件库名称上点击一下，就会将这个元件库到目前工作元件库之间的所有元件库都选取。Capture 的默认状态是将元件库列表所有的元件库都选取，然后就可以确定在元件列表内找不到的元件一定就是没有载入到它对应的元件库了。

如果已经确切地知道元件的名称，也可以直接在"Part:"栏内输入名称，这是调用元件最快速的做法。必要时，也可以配合"＊"与"?"这两个通用字符来使用。当输入元件头几个字母时，元件列表就会即时搜寻而移到这个元件比较可能出现的元件列表位置上。

选好元件后，点击"OK"钮，关闭 Place Part 对话框，画面上会有一个随鼠标光标移动的元件符号，将它移到适当的位置后，单击鼠标左键或 SpaceBar 空格键将它定位。画面上仍然会有同样一个元件符号随鼠标光标移动，可以根据需要重复放置同样的元件。若要结束放置元件的过程，可按下鼠标右键选择 End Mode 选项或直接按 Esc 键退出。实验所需元器件均通过以上方式选取，放置在 SCHEMATIC 的绘图页面，如图 6-8 所示。各元器件的名称可以根据需要进行更改。

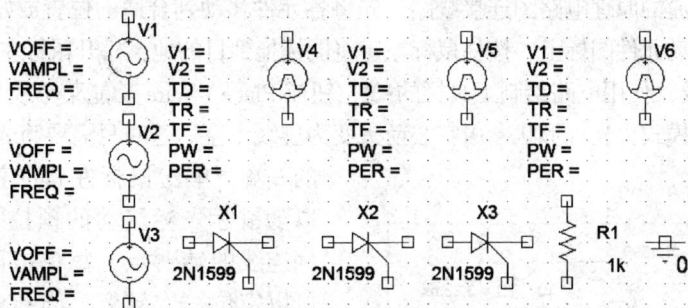

图 6-8　选好的元器件放置于绘图页面

3. 设置电路元器件参数并连接线路

设置元件参数是保证仿真准确和顺利的重要一步。有些参数是由仿真任务规定的，如本例仿真中的电源电压、电阻值等；有些参数是需要通过仿真来确定的。设置元件参数的方法有两种，第一种是直接双击元件参数名称，弹出显示参数设置对话框，然后按框中提示输入。图 6-9 为正弦交流输入电源的幅值参数设置对话框。

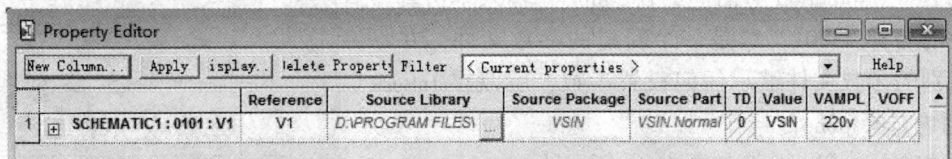

第二种设置参数的方法是双击元件，弹出参数编辑对话框，图 6-10 是正弦交流电源参数编辑对话框，可直接在阴影空格内输入数值，图中 VAMPL 已输入 220V。

其他各元件的设置方式均与此相同，若有不清楚的地方可以借助 Help 帮助。

图 6-9　正弦交流电源的幅值参数设置

本实例中有关元件的参数设置如下：

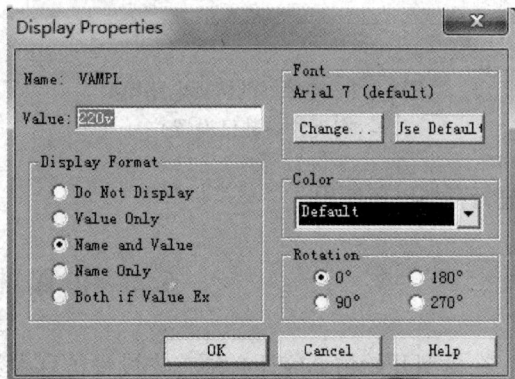

图 6-10　正弦交流电源参数编辑对话框

（1）三相正弦交流电压源：幅值 VAMPL＝220V，频率 FREQ＝50Hz，偏置电压 VOFF＝0V，相位依次相差 120°。

（2）触发信号源：幅度为 10V（初始值 U_1＝0V，幅值 U_2＝10V），脉冲宽度 PW＝0.1ms，上升时间 TR＝1μs、下降时间 TF＝1μs，周期 PER 等于三相电源的周期 20ms。

（3）触发脉冲延迟时间 TD：按照实验要求通过公式计算得到。本例中以控制角 α＝30°为例说明 TD 的计算方法。三相触发脉冲的延迟时间依次为

$$TD_a＝20\times(\alpha+30°)/360°＝3.33（ms）$$
$$TD_b＝TD_a+20\times120°/360°＝10（ms）$$
$$TD_c＝TD_b+20\times120°/360°＝16.67（ms）$$

（4）负载：电阻 R_1＝10Ω。

为简化仿真电路，可在 Display Format 栏内选择参数名称不显示。元件参数设置好后，可根据三相半波可控整流的原理电路图连接线路。先将各元件移动到合适的位置放好，具体方法：将鼠标指针置于待移动元件图标上，按住鼠标左键将图标拖到目的地，松开鼠标左键即完成移动。

然后进行连线，使用电路绘制工具栏的██按钮或 Place \ Wire 功能菜单或 Shift+W 键将编辑模式切换到绘连线模式，光标形状会由空心箭头变为虚线十字。这时只需要将光标指在欲拉连线的一端，单击鼠标左键，就会出现一个可以随鼠标光标移动的预拉线，将光标移动到连线的转弯点，每单击鼠标左键一次就可以定位一次转弯。当拖曳虚线到元件的管脚上单击鼠标左键一次，或是任何时候双击鼠标左键，就会终止这次连线的功能。

如上述连线操作，直到完成所有元件间的连线。要终止连线模式，使用 Esc 键或单击鼠标右键调出的快捷功能菜单的 End Wire 选项就可以了。连接好的仿真电路模型如图 6-11 所示。

绘制完电路模型图后，点击 ██ 按钮，或选择 File \ Save 功能选项，或使用 Ctrl+S 键进行存档以备使用。

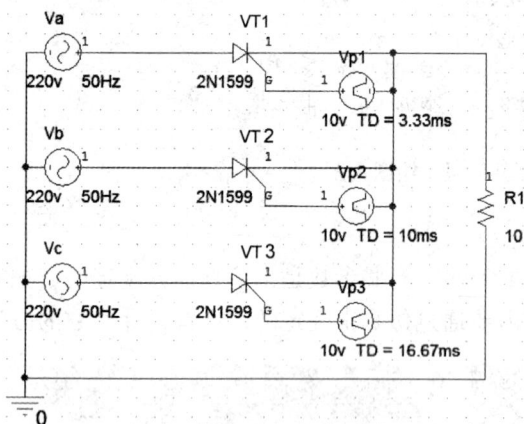
图 6-11　连接好的仿真电路模型
（各元件参数已设置）

6.2　电路模型仿真

在模型开始仿真前还必须首先设置仿真参数。选择 "PSpice \ New Simulation Profile" 功能选项或单击 PSpice 工具栏的 ██ 按钮，打开如图 6-12 所示的 New Simulation 对话框，在 Name 栏输入本仿真参数文件的名称 a3001，这是一个新建的参数文件，并不需要从别的参数文件继承任何设置参数，所以在 Inherit From 栏内选择 none。

单击 Create 钮，打开如图 6-13 所示的 Simulation Set-

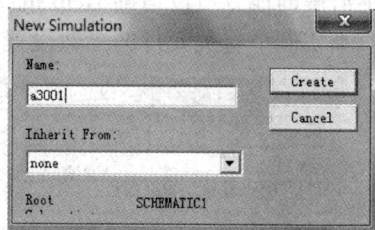
图 6-12　新建仿真文件对话框

tings-a3001 对话框，在 Analysis Type 选项选 Time Domain（Transient）时域分析，Run to 设置两倍电源周期 40ms。

利用工具栏中 voltage/level marker 🔍 和 voltage differential markers 👁👁 两个探针分别标记出待观测信号的位置。此处选择 a 相电源及晶闸管两端电压和负载电阻两端电压。根据提示，放置探针位置如图 6-14 所示（图中彩色为所放置的探针）。

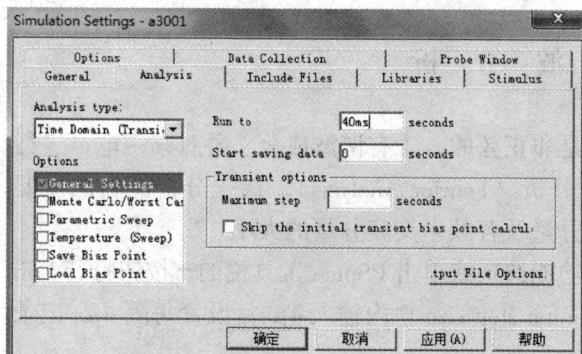

图 6-13　Simulation Settings-a3001 仿真参数设置对话框

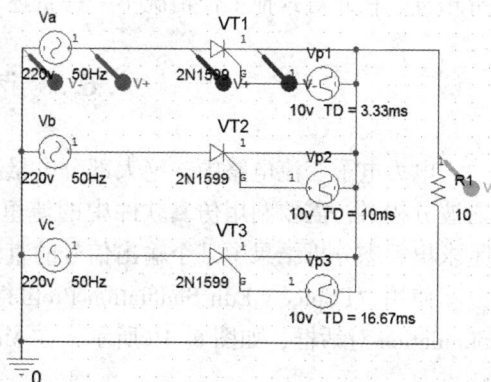

图 6-14　电压测量探针放置位置效果图

参数设置完成后可开始仿真。单击主工具栏的 ▶ 按钮或 PSpice \ Run 功能选项来启动 PSpice 程序执行仿真。在屏幕下方的状态栏上可以看到仿真的进程。若要中途停止仿真可以选择 Stop 或工具栏上的 ■ 图标。仿真完成后，屏幕上会打开一个如图 6-15 所示的 PSpice 窗口。这个 PSpice 窗口兼有文字编辑程序与波形观测程序的功能。此窗口画面中央就是输出波形图区。

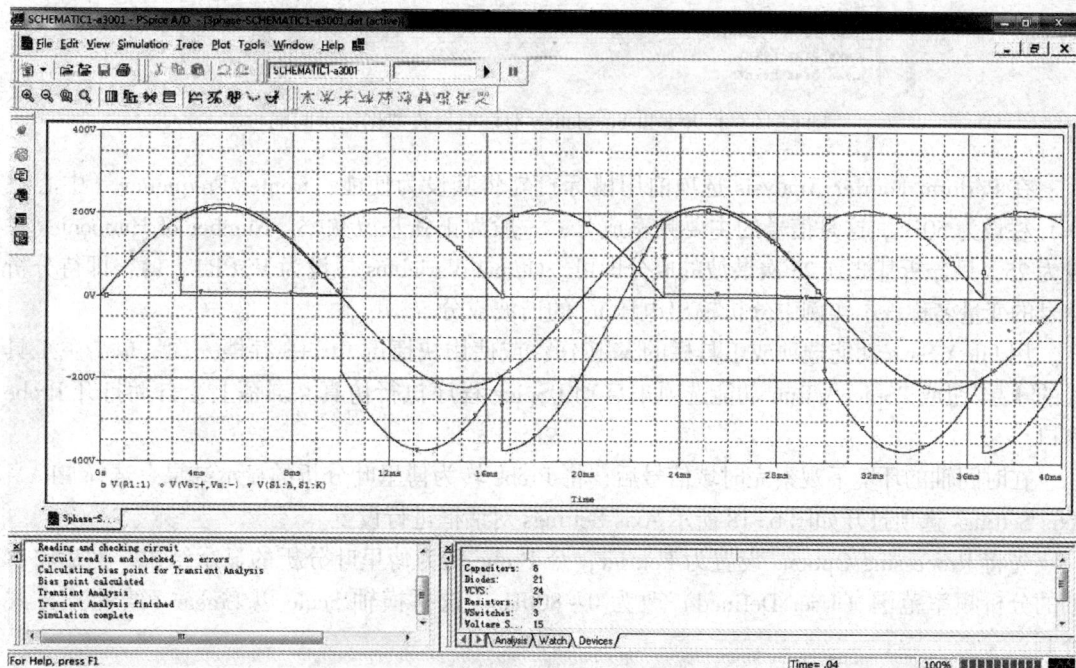

图 6-15　PSpice 仿真结果观测窗口 Probe

3 种颜色表示的波形就是 3 个探针观测到的电压情况，波形线条颜色与探针颜色相对应。此仿真结果即为三相半波可控整流电路，电阻性负载，控制角 $\alpha = 30°$ 时的各工作波形。若要观察其他控制角下整流电路的工作情况，只需修改触发脉冲的延迟时间，重新启动仿真即可。若要研究电感性负载时整流电路的工作情况，只需重新设置负载参数，例如设 RL 负载，$R = 10\Omega$，$L = 0.01H$，再启动仿真，实验过程中，只要参数设置正确，结果都与理论分析相符。在此对其他工作情况不一一赘述。

6.3 谐 波 分 析

电力电子变流电路中，绝大部分电量都是非正弦的，含有谐波成分。要对某一电量进行谐波分析时，需要利用仿真软件中的傅里叶分析（Fourier Analysis）。这一分析的目的主要是求出暂态分析结果中某个输出信号的直流分量及各频率交流分量的大小。

使用 "PSpice \ Edit Simulation Profile" 功能选项或单击 PSpice 工具栏的 ▣ 按钮打开 Edit Simulation 对话框，如图 6-16 所示，在 Maximum step size 栏内输入 4μs，设置每隔 4μs 记录一点。

单击 tput File Options. 按钮，打开如图 6-17 所示的 Transient Output File Options 对话框。

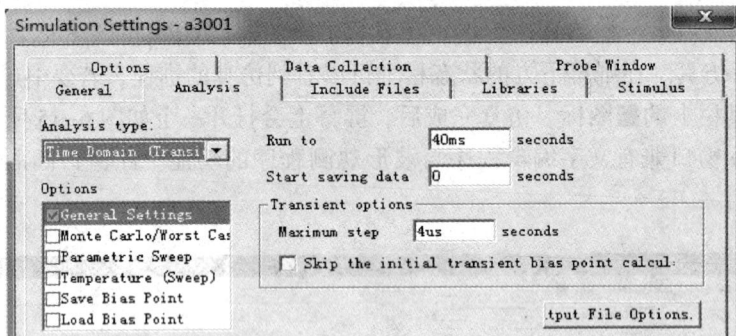

图 6-16   打开 Edit Simulation 对话框设置数据记录间隔

在 Perform Fourier Analysis 选项前用鼠标打勾将其设为使能；Center Frequency（中心频率）栏设为 50Hz，这是信号的主要频率成分，一般为正弦基波频率。Number of Harmonics 栏设为 25，只分析基波到 25 次谐波的成分即可。Output Variables 栏设为 V（R1∶1），即待分析信号的变量名称，本实例中分析输出电压 u_d 的谐波成分。

用 File \ Save 功能选项或工具栏的 ▣ 按钮，或使用快捷键 Ctrl+S 存档一次。单击主工具栏的 ▶ 按钮或 PSpice \ Run 功能选项来启动 PSpice 程序执行仿真。屏幕上会自动打开 Probe 窗口。

在时间轴的环境下观察完时域信号后，将 Probe 转为傅里叶分析的显示结果。选择 Plot \ Axis Settings 选项打开如图 6-18 所示 Axis Settings 对话框进行设置。

先将 Processing Options 设置为 Fourier，令 Probe 转为傅里叶分析的显示结果。然后将 X 轴的分析频率范围（User Defined）改为 0~800Hz。选择横轴 Scale 以 Linear（线性）方式分割。

也可以直接使用工具栏的 ⊞ 按钮来切换暂态分析波形与傅立叶分析波形。本次仿真实例中得到的，三相半波可控整流电路输出电压 u_d 波形的傅里叶分析结果如图 6-19 所示。

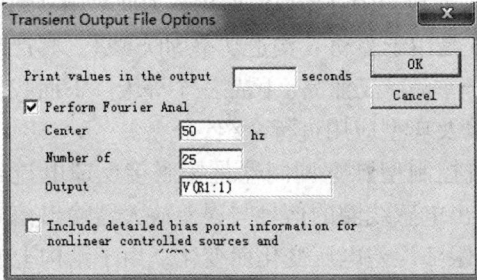

图 6-17　仿真结果傅里叶分析设置窗口

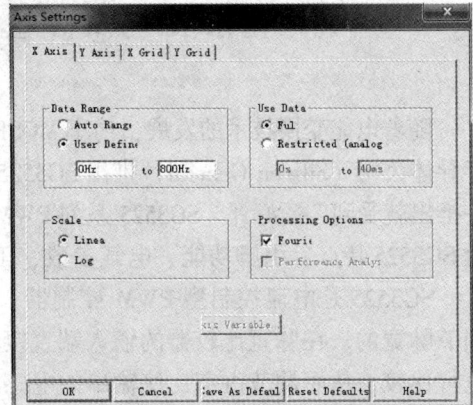

图 6-18　坐标设置对话框

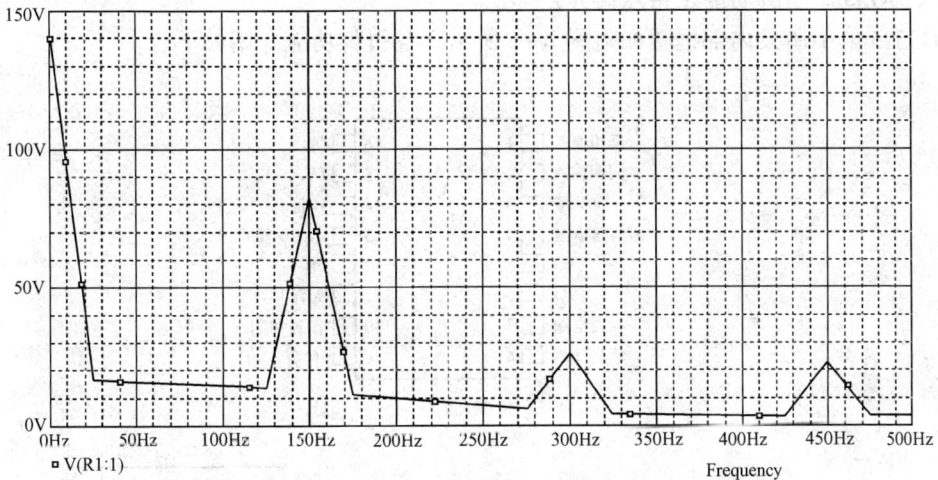

图 6-19　三相半波可控整流电路输出电压 u_d 谐波分析结果

　　由图 6-19，整流输出 u_d 主要含有 $3k(k=1,2,3,\cdots)$ 次谐波。实验结果表明，此整流电路的输出电压是周期性的非正弦函数，其中主要成分为直流，同时包含各种频率的谐波。在实际应用中，这些谐波对于负载的工作是不利的。因此，除了提高功率因数外，电力电子研究的另一大重要课题就是谐波抑制。

附录 A　PWM 控制芯片 SG3525 功能简介

随着电能变换技术的发展，功率 MOSFET 在开关变换器中开始广泛使用，为此美国硅通用半导体公司（Silicon General）推出 SG3525。SG3525 是用于驱动 N 沟道功率 MOSFET。其产品一推出就受到广泛好评。SG3525 系列 PWM 控制器分军品、工业品、民品三个等级。下面我们对 SG3525 特点、引脚功能、电气参数、工作原理以及典型应用进行介绍。

SG3525 是电流控制型 PWM 控制器，所谓电流控制型脉宽调制器是按照接反馈电流来调节脉宽的。在脉宽比较器的输入端直接用流过输出电感线圈的信号与误差放大器输出信号进行比较，从而调节占空比使输出的电感峰值电流跟随误差电压变化而变化。由于结构上有电压环和电流环双环系统，因此，开关电源的电压调整率、负载调整率和瞬态响应特性都有提高，是目前比较理想的新型控制器。

一、SG3525 引脚功能及特点简介

SG3525 的引脚及内部框图如附图 A-1 所示。各引脚功能介绍如下。

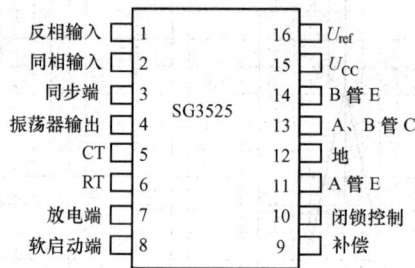

(a)

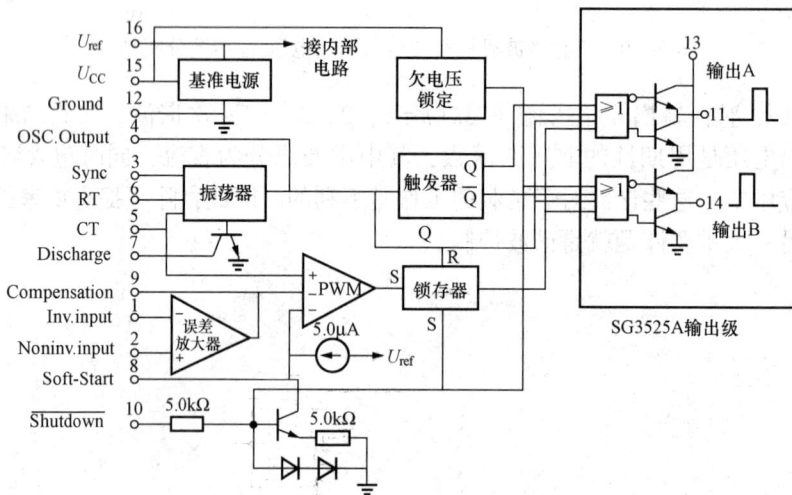

(b)

附图 A-1　SG3525 原理图

（a）SG3525 的引脚；（b）内部框图

引脚 1：误差放大器反相输入端（Inv. input）。在闭环系统中，该引脚接反馈信号。在开环系统中，该端与补偿信号输入端（引脚 9）相连，可构成跟随器。

引脚 2：误差放大器同相输入端（Noninv. input）。在闭环系统和开环系统中，该端接给定信号。根据需要，在该端与补偿信号输入端（引脚 9）之间接入不同类型的反馈网络，可以构成比例、比例积分和积分等类型的调节器。

引脚 3：振荡器外接同步信号输入端（Sync）。该端接外部同步脉冲信号可实现与外电路同步。

引脚 4：振荡器输出端（OSC. Output）。

引脚 5：振荡器定时电容接入端（CT）。

引脚 6：振荡器定时电阻接入端（RT）。

引脚 7：振荡器放电端（Discharge）。该端与引脚 5 之间外接一只放电电阻，构成放电回路。

引脚 8：软启动电容接入端（Soft- Start）。该端通常接一只软启动电容。

引脚 9：PWM 比较器补偿信号输入端（Compensation）。在该端与引脚 2 之间接入不同类型的反馈网络，可以构成比例、比例积分和积分等类型调节器。

引脚 10：外部关断信号输入端（Shutdown）。该端接高电平时控制器输出被禁止。该端可与保护电路相连，以实现故障保护。

引脚 11：输出端 A（Output A）。引脚 11 和引脚 14 是两路互补输出端。

引脚 12：信号地（Ground）。

引脚 13：输出级偏置电压接入端（U_c）。

引脚 14：输出端 B（Output B）。引脚 14 和引脚 11 是两路互补输出端。

引脚 15：偏置电源接入端（U_{CC}）。

引脚 16：基准电源输出端（U_{ref}）。该端可输出一温度稳定性极好的基准电压。

SG3525 的特点如下。

（1）工作电压范围宽：8～35V。

（2）5.1（±1.0%）V 微调基准电源。

（3）振荡器工作频率范围宽：100Hz～400kHz。

（4）具有振荡器外部同步功能。

（5）死区时间可调。

（6）内置软启动电路。

（7）具有输入欠电压锁定功能。

（8）具有 PWM 锁存功能，禁止多脉冲。

（9）逐个脉冲关断。

（10）双路输出（灌电流/拉电流）：mA（峰值）。

二、SG3525 的工作原理

SG3525 内置了 5.1V 精密基准电源，微调至±1.0%，在误差放大器共模输入电压范围内，无需外接分压电阻。SG3525 还增加了同步功能，可以工作在主从模式，也可以与外部系统时钟信号同步，为设计提供了极大的灵活性。在 CT 引脚和 Discharge 引脚之间加入一个电阻就可以实现对死区时间的调节功能。由于 SG3525 内部集成了软启动电路，因此只需要一个外接定时电容。

　　SG3525 的软启动接入端（引脚 8）上通常接一个软启动电容。上电过程中，由于电容两端的电压不能突变，因此与软启动电容接入端相连的 PWM 比较器反向输入端处于低电平，PWM 比较器输出高电平。此时，PWM 锁存器的输出也为高电平，该高电平通过两个或非门加到输出晶体管上，使之无法导通。只有软启动电容充电至其上的电压使引脚 8 处于高电平时，SG3525 才开始工作。由于实际中，基准电压通常是接在误差放大器的同相输入端上，而输出电压的采样电压则加在误差放大器的反相输入端上。当输出电压因输入电压的升高或负载的变化而升高时，误差放大器的输出将减小，这将导致 PWM 比较器输出为正的时间变长，PWM 锁存器输出高电平的时间也变长，因此输出晶体管的导通时间将最终变短，从而使输出电压回落到额定值，实现了稳态。反之亦然。

　　外接关断信号对输出级和软启动电路都起作用。当 Shutdown（引脚 10）上的信号为高电平时，PWM 锁存器将立即动作，禁止 SG3525 的输出，同时，软启动电容将开始放电。如果该高电平持续，软启动电容将充分放电，直到关断信号结束，才重新进入软启动过程。注意，Shutdown 引脚不能悬空，应通过接地电阻可靠接地，以防止外部干扰信号耦合而影响 SG3525 的正常工作。

　　欠电压锁定功能同样作用于输出级和软启动电路。如果输入电压过低，在 SG3525 的输出被关断同时，软启动电容将开始放电。

　　此外，SG3525 还具有以下功能，即无论因为什么原因造成 PWM 脉冲中止，输出都将被中止，直到下一个时钟信号到来，PWM 锁存器才被复位。

附录 B SDS1102CNL 型数字示波器使用说明

本附录是操作 SDS1102CNL 型数字示波器必须掌握的内容，包括示波器面板和显示界面、垂直控制系统、水平控制系统、触发控制系统、常用菜单"MENU"等的介绍及使用实例。

一、示波器面板和显示界面

SDS1102CNL 型数字示波器的前面板如附图 B-1 所示。前面板上包括各种旋钮和功能按键，这些旋钮和功能按键分别属于垂直控制区、水平控制区、触发控制区、常用菜单控制区、运行控制区等。各旋钮的功能与其他示波器类似，用以进行基本的操作。各功能按键的功能及使用方法在下面几部分内容中进行介绍，通过它们可以进入不同的功能菜单或获得特定的功能应用。示波器显示屏右侧的一列 5 个灰色按键为菜单键（自上而下分别定义为 1~5 号），通过它们可以设置当前菜单的不同选项。

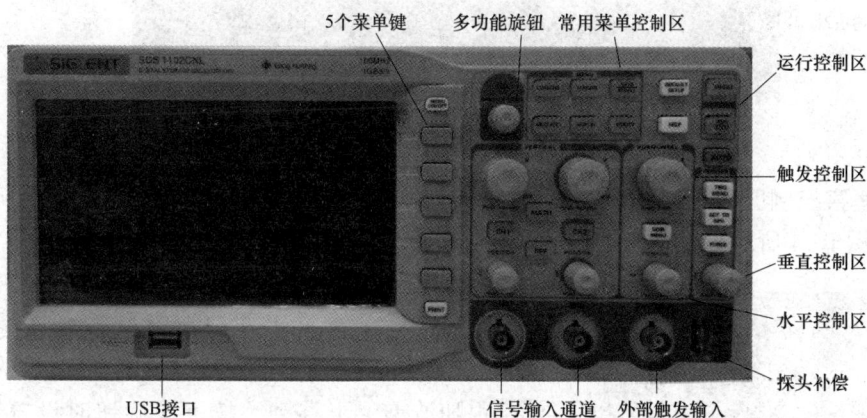

附图 B-1 SDS1102CNL 型数字示波器的前面板

SDS1102CNL 型数字示波器的后面板如附图 B-2 所示。后面板主要包括以下几部分：

附图 B-2 SDS1102CNL 型数字示波器的后面板

（1）Pass/Fail 输出端口：通过/失败测试的结果可通过光电隔离 Pass/Fail 输出端口输出。

（2）RS232 接口：为示波器与外部设备的连接提供串行接口。

（3）USB Device 接口：当示波器作为"从设备"与外部 USB 设备连接时，需要通过该接口传输数据。例如，连接打印机与示波器时使用该接口。

示波器显示界面说明图如附图 B-3 所示。

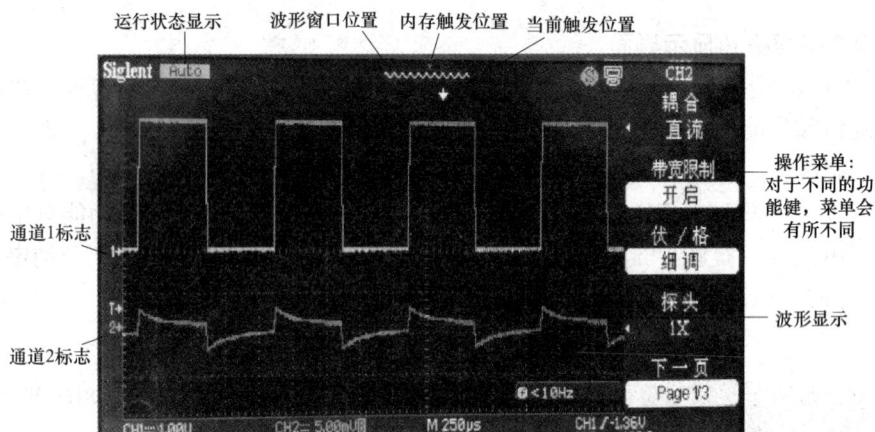

附图 B-3　示波器显示界面说明图

二、垂直控制区

如附图 B-4 所示，在垂直控制区（VERTICAL）有一系列的按键和旋钮。

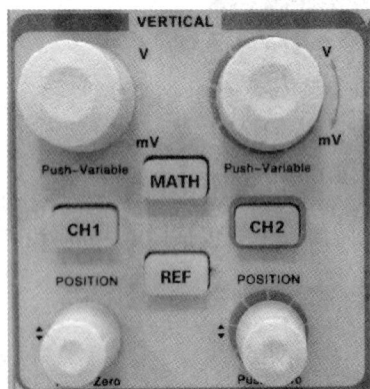

附图 B-4　垂直控制区

垂直 POSITION 旋钮：使用该旋钮可调节对应通道 CH1 或 CH2 输入的波形在波形窗口垂直显示的位置。当转动该旋钮时，指示通道地（GROUND）的标识 ▣ 或 ▣ 跟随波形上下移动。按下该旋钮时设置通道垂直显示位置恢复到零点。

垂直 Push-Variable 旋钮：转动该旋钮可改变"Volt/div（伏/格）"垂直挡位，波形显示窗口下方的状态栏会发生相应的变化。按下 Push-Variable 旋钮作为设置输入通道的粗调/微调状态的快捷键，调节该旋钮即可粗调/微调垂直挡位。

按下"CH1""CH2""MATH""REF"按钮，屏幕显示对应通道的操作菜单、标志、波形和挡位状态信息。

附表 B-1 是按下"CH1"或"CH2"功能键后，系统显示的 CH1 或 CH2 通道的操作菜单的内容及说明。菜单中各项目的选择，通过按下附图 B-1 所示的 5 个菜单键或多功能旋钮进行。

附表 B-1　　　　　　　　　　　　通道（CH1 或 CH2）设置菜单

功能菜单	设定	说　明
耦合	直流	通过输入信号的直流成分阻挡交流成分
	交流	与上述相反
	接地	断开输入信号
带宽限制	打开	限制带宽至 20MHz 以减少显示噪声
	关闭	满带宽
探头	1× 10×	根据探头衰减因数选取相应数值，确保垂直标尺读数正确
数字滤波		设置数字滤波
伏/格	粗调	粗调按照 1-2-5 进制设定垂直灵敏度
	微调	微调是指在粗调设置范围之内以更小的增量改变垂直挡位
反相	打开	打开波形反向功能
	关闭	波形正常显示

　　按下数学运算（MATH）功能可显示 CH1、CH2 通道波形相加、相乘以及 FFT 运算的结果。数学运算的结果可通过栅格或游标进行测量。

　　"REF" 功能键的功能，是在使用该示波器测量观察有关组件的波形时，将波形和参考波形样板进行比较，从而判断故障原因。

　　按下 "REF" 功能键，系统将显示 REF 功能的操作菜单，说明见附表 B-2。

附表 B-2　　　　　　　　　　　　REF 功能菜单设置

功能菜单	设定	说　明
信源选择	CH1	选择 CH1 作为参考通道
	CH2	选择 CH2 作为参考通道
	FFT	选择 FFT 作为参考通道
存储位置	内部	选择内部存储位置
	外部	选择外部存储位置
保存		将 REF 波形保存在内部/外部存储区
导入/导出		进入对应菜单
复位		复位 REF 波形

　　欲打开或选择某一通道时，只需按下相应的通道按键，按键亮说明该通道已被激活，再按则关闭该通道，此时按键灯灭说明该通道被关闭。

　　三、水平控制区

　　如附图 B-5 所示，水平控制区（HORIZONTAL）包括两个旋钮和一个按键。水平系统设置可改变仪器的水平刻度、主时基或延迟扫描时基，调整触发在内存中的水平位置及通道波形的水平位置，也可显示仪器的采样率。

附图 B-5　水平控制区

水平 SCALE 旋钮（附图 B-5 最上面）：转动该旋钮来改变 "s/div（秒/格）" 水平挡位，状态栏对应通道的挡位显示会发生相应变化。水平扫描速度从 2ns~50s，以 1-2-5 的形式步进；按下此旋钮可切换到延迟扫描状态。

水平 POSITION 旋钮：控制信号的触发位移，转动此旋钮来调整信号在波形窗口的水平位置，可以观察到波形随旋钮而水平移动。按下该旋钮可使触发位移（或延迟扫描位移）恢复到水平零点处。

"HORI MENU" 按键：按下 "HORI MENU" 按键，显示 "TIME" 菜单。在此菜单下，可以开启/关闭延迟扫描，切换 Y-T、X-Y 和 ROLL 模式，还可以设置水平触发位移复位。水平控制区的操作菜单说明见附表 B-3。

附表 B-3　　　　　　　　　水平控制区的菜单设置

功能菜单	设定	说　　明
延迟扫描	打开	进入波形延迟扫描
	关闭	关闭延迟扫描
时基	Y-T	Y-T 方式显示垂直电压与水平时间的关系
	X-Y	X-Y 方式在水平轴上显示通道 1 幅值，在垂直轴上显示通道 2 幅值
	Roll	Roll 方式下示波器从屏幕右侧到左侧滚动更新波形采样点
采样率		显示系统采样率
触发位移复位		调整触发位置至中心零点

附表 B-3 中有关名词解释如下：

触发位移：指实际触发点相对于存储器中点的位置。

Y-T 方式：此方式下 Y 轴表示电压量，X 轴表示时间量。

X-Y 方式：此方式下 X 轴表示通道 1 电压量，Y 轴表示通道 2 的电压量。

Roll 方式：当仪器进入滚动模式，波形自右向左滚动刷新显示。在滚动模式中，波形水平位移和触发控制不起作用。一旦设置滚动模式，时基控制设定必须在 500ms/div 或更慢时基下工作。

在水平系统设置过程中，各参数的当前状态在屏幕中会被标记出来，方便用户观察和判断，如附图 B-6 所示。各标志说明如下：

①：当前的波形视窗在内存中的位置。

②：触发点在内存中的位置。

③：触发点在当前波形视窗中的位置。

④：水平时基（主时基）显示，即 "s/div"。

⑤：触发位置相对于视窗中点的水平距离。

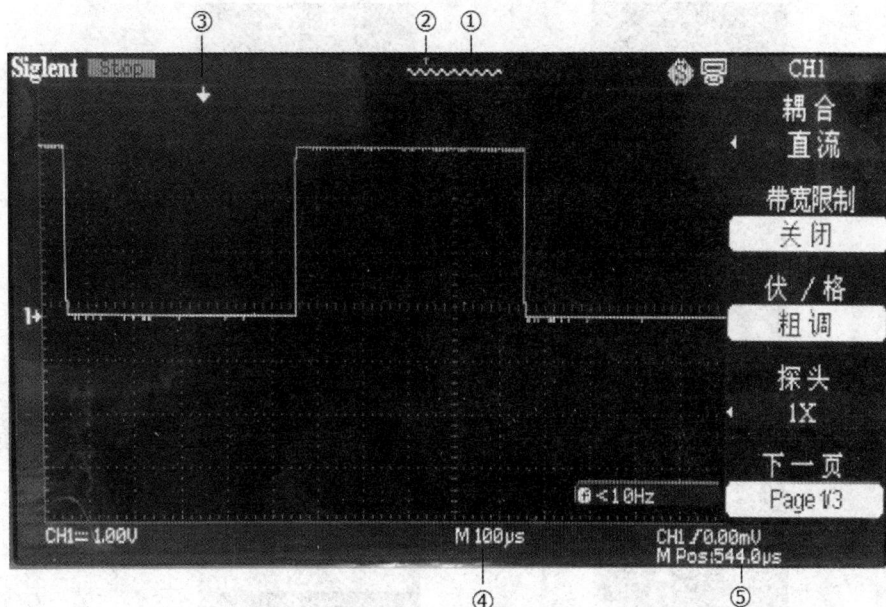

附图 B-6 水平设置界面

四、触发控制区

触发决定了示波器何时开始采集数据和显示波形，一旦触发被正确设定，它可以将不稳定的显示转换成有意义的波形。

数字示波器在开始采集数据时，先收集足够的数据用来在触发点的左方画出波形，在等待触发条件发生的同时连续的采集数据。当检测到触发后，示波器连续地采集足够的数据以在触发点的右方画出波形。

触发控制区（TRIGGER）有一个旋钮、三个按键，如附图 B-7 所示。

"LEVEL" 旋钮（附图 B-7 最下方）：转动该按钮可以发现屏幕上出现一条白色的触发线以及触发标志，随着旋钮转动而上下移动。停止转动旋钮，此触发线和触发标志会在约 5s 后消失。在移动触发线的同时，可以观察到在屏幕上触发电平的数值发生了变化。按下该旋钮可使触发电平恢复到零点。

"FORCE" 按键：强制产生一个触发信号，主要用于触发方式中 "普通" 和 "单次" 模式。

"SET TO 50%" 按键：按下该键可设定触发电平在触发信号幅值的垂直中点。

"TRIG MENU" 按键：按下触发系统 "TRIG MENU" 功能键，系统将进入附图 B-8 所示的触发系统设置界面。按下附图 B-1 所示的相应菜单键，可进行相应的选择或设置。

该型号数字示波器具有丰富的触发模式，包括边沿、脉宽、斜率、视屏、交替等。

五、常用菜单控制区

常用菜单（MENU）控制区的按键布置如附图 B-9 所示。

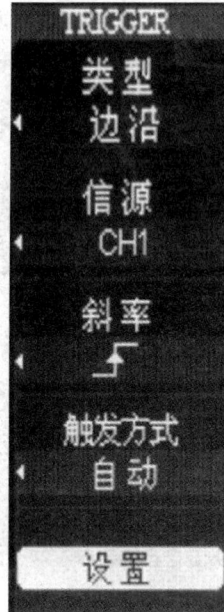

附图 B-7　触发控制区　　　　附图 B-8　触发系统设置界面

1. 自动测量"MEASURE"按键

附图 B-9 中"MEASURE"为自动测量功能按键。按下该按键，系统将显示自动测量操作菜单，见附表 B-4。该示波器提供 20 种自动测量的波形参数，包括 10 种电压参数和 10 种时间参数，分别是峰—峰值、最大值、最小值、顶端值、底端值、幅值、平均值、均方根值、过冲、预冲、频率、周期、上升时间、下降时间、正占空比、负占空比、延迟 1→2 ⌐、延迟 1→2 ⌐、正脉宽、负脉宽。

附图 B-10 表述了各个电压参数的物理意义。

峰—峰值：波形最高点至最低点的电压值。

最大值：波形最高点至 GND（地）的电压值。

最小值：波形最低点至 GND（地）的电压值。

幅值：波形的顶端至底端的电压值。

顶端值：波形平顶至 GND（地）的电压值。

低端值：波形平底至 GND（地）的电压值。

附图 B-9　常用菜单控制区

过冲：波形最大值与顶端值之差与幅值的比值。

预冲：波形最小值与顶端值之差与幅值的比值。

平均值：单位时间内信号的平均幅值。

均方根值：即有效值。

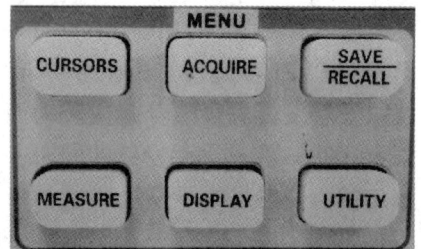

附表 B-4　　　　　　　　　　　　测 量 功 能 菜 单

功能菜单	显示	说　　明
信源选择	CH1/CH2	说明被测信号的输入通道
电压测量		选择测量电压参数

续表

功能菜单	显示	说 明
时间测量		选择测量时间参数
清除测量		清除测量结果
全部测量	关闭/打开	关闭/打开全部测量显示

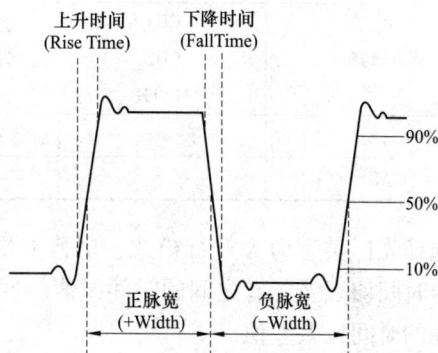

附图 B-11 表示各个时间参数的物理意义。

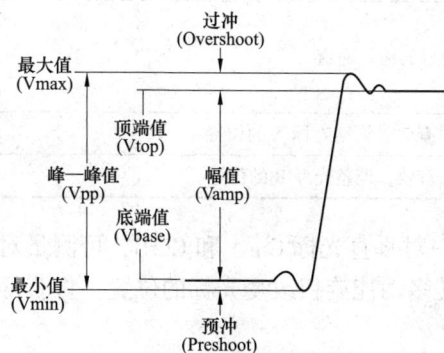

附图 B-10　电压参数示意图　　　　附图 B-11　时间参数示意图

上升时间：波形幅度从 10%上升到 90%所经历的时间。

下降时间：波形幅度从 90%下降到 10%所经历的时间。

正脉宽：正脉冲在 50%幅度时的脉冲宽度。

负脉宽：负脉冲在 50%幅度时的脉冲宽度。

延迟 1→2 ⨍：通道 1、2 相对于上升沿的延时。

延迟 1→2 ⦚：通道 1、2 相对于下降沿的延时。

正占空比：正脉宽与周期的比值。

负占空比：负脉宽与周期的比值。

2. 光标测量"CURSOR"按键

附图 B-9 中"CURSOR"为光标测量功能按键。光标模式许可用户通过移动光标进行测量，使用前请首先将信号源设置为所要测量的波形。光标测量分为三种模式，功能说明见附表 B-5。

附表 B-5	光 标 模 式 功 能 说 明
手动模式	出现水平调整或垂直调整的光标线，通过旋动多功能旋钮手动调整光标的位置，示波器同时显示光标点对应的测量值
追踪模式	水平与垂直光标交叉构成十字光标。十字光标自动定位在波形上，通过旋转多功能旋钮改变其在波形上的水平位置，示波器同时显示光标点的坐标
自动测量模式	系统会显示对应的电压或时间光标，以揭示测量的物理意义。此方式在未选择任何自动测量参数时无效

下面以手动模式为例，介绍该功能键的主要功能和设置。按"Cursor"键→光标模式→手动，进入附表 B-6 所示的手动模式菜单。

附表 B-6　　　　　　　　　　　　　　　手 动 模 式 菜 单

功能菜单	设定	说　　　明
光标模式	手动	手动调整光标间距以测量 X 或 Y 参数
光标类型	X	光标显示为垂直线，显示时间值
	Y	光标显示为水平线，测量电压值
信源选择	CH1 CH2 MATH	选择被测信号的输入通道
CurA		选择光标 A 有效，调整光标 A 的位置
CurB		选择光标 B 有效，调整光标 B 的位置

选择光标类型为 X 光标模式，屏幕上将出现一对垂直光标 CurA 和 CurB，可测量对应波形处的时间值以及二者之间的时间差值。通过旋转多功能旋钮改变光标的位置，将获得相应波形处的时间以及差值。

选择 Y 光标模式时，屏幕上将出现一对水平光标 CurA 和 CurB，可测量对应波形处的电压值和二者之间的电压值。通过旋动多功能旋钮改变光标的位置，将获得对应波形处的值及差值。

3. 设置采样系统

附图 B-9 中"ACQUIRE"为采样系统的功能按键。按下该按键，弹出附表 B-7 所示的采样设置菜单，通过菜单键可调整波形采样方式。

附表 B-7　　　　　　　　　　　　　　　采样功能设置菜单

功能菜单	设定	说　　　明
获取方式	普通 平均 峰值检测	打开对应采样方式
平均次数	2~256	在 2~256 范围内以 2 的 N 次幂步进设置平均采样次数
采样方式	实时采样 等效采样	设置采样方式为相应方式
存储深度	长存储	设置存储深度为 512kpts 或 1Mpts
	普通	设置存储深度为 8kpts 或 16kpts

选取不同的获取方式和采样方式，可得到不同的波形显示效果。期望减少所显示的信号中的随机噪声，应选用平均采样方式。期望观察信号的包络，避免混淆，应选用峰值检测方式。观察单次信号，应选用实时采样方式。观察高频周期性信号，应选用等效采样方式。

4. 设置显示系统

附图 B-9 中"DISPLAY"为显示系统的功能按键。按下该按键，弹出附表 B-8 所示的显示系统设置菜单，通过菜单键可调整波形的显示方式。

附表 B-8　　　　　　　　　　　显 示 系 统 设 置 菜 单

功能菜单	设定	说　　明
显示类型	矢量	采样点之间通过连线的方式显示
	点	直接显示采样点
清除显示		清除所有先前采集的显示
波形保持	关闭	记录点以高刷新率变化
	无限	记录点一直保持，直到关闭波形保持
波形亮度		设置波形亮度，可调范围为 0%~100%
屏幕网络		打开/关闭背景网络，坐标
网格亮度		设置网格亮度，可调范围为 0%~100%
菜单保持	1~20s	设置菜单隐藏时间

在未指定任何功能时，旋动 "Internsity/Adjust" 功能键对应的功能是调节波形亮度值。

5. 存储与调出

在附图 B-9 中，"STORAGE" 按键为存储系统的功能按键。使用该按键，弹出存储设置菜单，可以通过该菜单对示波器内部存储区、USB 存储设备上的波形和设置文件进行保存和调出操作，也可以对 USB 存储设备上的波形文件、设置文件、文件以及 CSV 文件进行新建和删除操作；虽然不能删除仪器内部的存储文件，但可以将其覆盖。操作的文件名称支持中英文输入。

6. 设置辅助系统

如附图 B-9 所示，"UTILITY" 按键为辅助系统功能按键，使用该按键可弹出辅助系统功能设置菜单，见附表 B-9。

附表 B-9　　　　　　　　　　　辅助系统功能设置菜单

功能菜单	设定	说　　明
接口设置		进入接口设置菜单
声音		打开/关闭按键声音
频率计	关闭/打开	关闭/打开频率计功能
Language	简体中文	
	繁体中文	选择界面语言
	…	

按 "UTILITY" 键→ "接口设置"，进入附表 B-10 所示接口设置菜单。

附表 B-10　　　　　　　　　　　接 口 设 置 菜 单

功能菜单	显示	说　　明
RS-232	300~38400	选择值为 300、2400、4800、9600、19200
USB	计算机 打印机	设备通过 USB Device 接口与示波器连接时，需要手动设置 USB 类型，以确保所连接的设备与设置类型一致
GPIB#	0~30	设置 GPIB 地址

六、使用执行按键

执行按键包括"AUTO"和"RUN/STOP"。

"AUTO"：自动设定仪器各项控制值，以产生适宜观察的波形显示。按下"AUTO"键后，显示附表 B-11 所示的自动设置菜单。

附表 B-11　　　　　　　　　　　　自动设置菜单

功能菜单	说　　明
多周期	设置屏幕自动显示多个周期信号
单周期	设置屏幕自动显示单个周期信号
上升沿	自动设置并显示上升时间
下降沿	自动设置并显示下降时间
撤销	撤销自动设置，返回前一状态

"RUN/STOP"（运行/停止）：运行/停止波形采样。在停止的状态下，对于波形垂直挡位和水平时基可以在一定的范围内调整，相当于对信号进行水平或垂直方向上的扩展。

七、使用实例

观测电路中的一个方波信号，迅速测量和显示信号的频率，峰—峰值，两个相临上升沿的时间间隔，并将所得波形和测量数据存入外部存储设备（U 盘）中，要求波形文件为 bmp 格式。

1. 迅速显示被测波形的操作步骤

（1）将探头菜单衰减系数和探头上的开关设定保持一致［如都设置为 10×（菜单上），或×10（探头上）］。具体操作如附图 B-12、附图 B-13 所示。将通道 1 的探头连接到电路被测点。

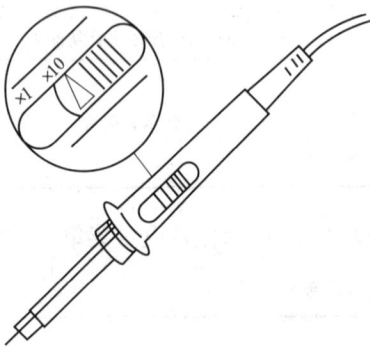

附图 B-12　设置探头上的衰减系数　　　　附图 B-13　设置菜单中的衰减系数

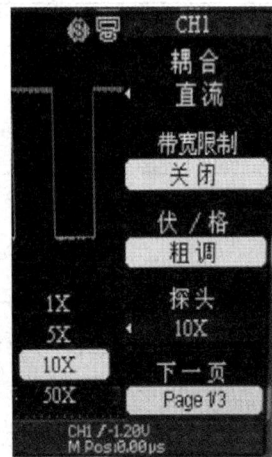

（2）按下"RUN/STOP"按键。如果出现附图 B-14 所示波形情况，应旋转水平"SCALE 旋钮（附图 B-5 最上方）"至显示附图 B-15 所示波形，以便于观察和测量。

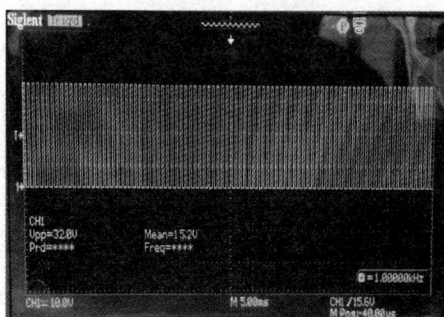

附图 B-14　5.00ms/div 时的显示情况

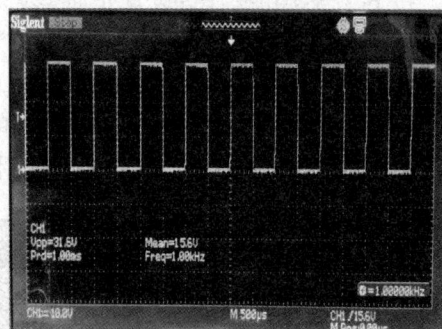

附图 B-15　500μs/div 时的显示情况

2. 自动测量

示波器可对大多数显示信号进行自动测量。测量信号峰—峰值、频率、相邻两个上升沿的时间间隔的步骤如下：

（1）测量峰—峰值。

1）按下"Measure"按键以显示自动测量菜单。

2）按下 1 号菜单键选择信号源 CH1。

3）按下 2 号菜单键选择测量类型（电压测量）。

4）旋转多功能旋钮在电压测量弹出菜单中选择并确认（再次按下 2 号菜单键或按下多功能旋钮）测量参数（峰—峰值）。

此时，你可以在屏幕左下角发现峰—峰值的显示，如附图 B-16 所示。

（2）测量频率。

1）按下 3 号菜单键选择测量类型（时间测量）。

2）在时间测量弹出菜单中选择测量参数（频率）。

此时，可以在屏幕下方发现频率的显示，如附图 B-17 所示。

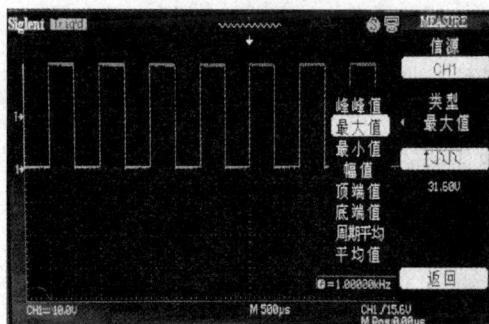

附图 B-16　电压峰峰值测量界面

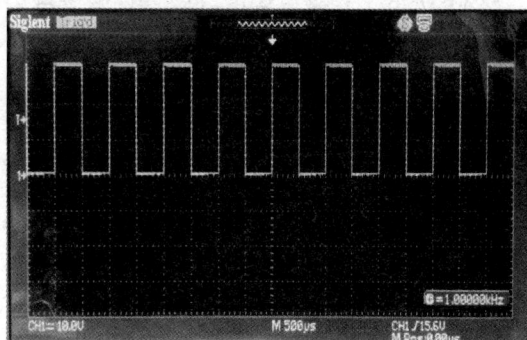

附图 B-17　频率测量界面

（3）测量相邻两个上升沿的时间间隔

1）按下"Curse"按钮以显示光标测量菜单。

2）按下 1 号菜单操作键设置光标模式为手动。

3）按下 2 号菜单操作键设置光标类型为 X。

4）按下 3 号菜单操作键设置信源选择为 CH1。

5）旋动多功能旋钮将光标 1 置于某一上升沿处并按下多功能旋钮。

6）旋转多功能旋钮将光标 2 置于相邻的下一个上升沿处。

此时，屏幕右上方处显示测量值，如附图 B-18 所示。

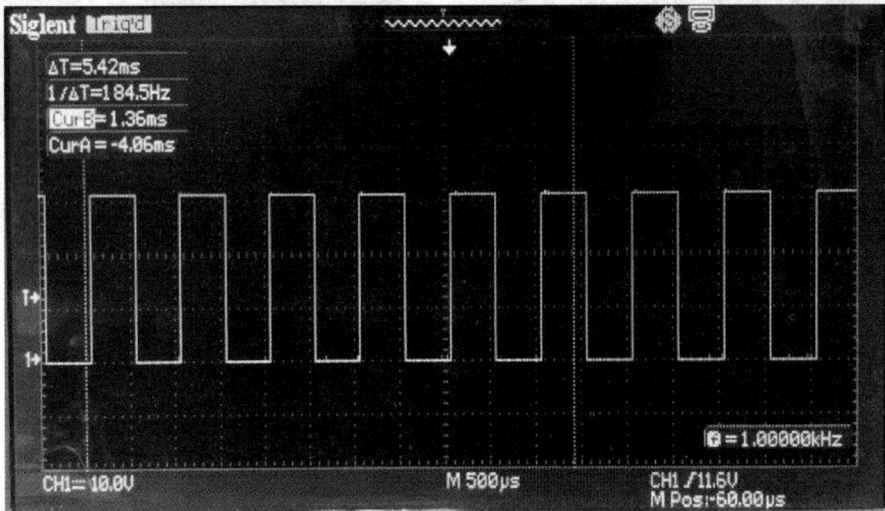

附图 B-18　水平时间测量界面

3. 存盘

在显示屏上调整好所要存储的波形后，在前面板左下角的 USB 接口处插入 U 盘或其他外部存储设备。

1）按下"Save Recall"按键以显示存储菜单。

2）按下 1 号菜单键设置存储类型。

3）按下 2 号菜单键可以设置存储位置。

4）按下 3 号菜单键设置存储波形编号。

5）当波形存储到文件夹时，按下 2 号菜单键可进行重命名。

6）按下 4 号菜单键保存。

此时，波形和测量数据均已保存到外部存储设备中。

参 考 文 献

[1] 王兆安，刘进军. 电力电子技术 [M]. 5 版. 北京：机械工业出版社，2009.

[2] 周渊深. 电力电子技术与 MATLAB 仿真 [M]. 北京：中国电力出版社，2005.

[3] 洪乃刚，等. 电力电子和电力拖动控制系统的 MATLAB 仿真 [M]. 北京：机械工业出版社，2006.

[4] 李传琦，等. 电力电子技术计算机仿真实验 [M]. 北京：电子工业出版社，2006.

[5] 王鲁杨，王禾兴. DJK02-3 用于单相半波整流电路时存在的问题及解决方法 [J]. 上海电力学院学报，2008，24（3）：215-217.

[6] 王鲁杨，等. 电力电子实验装置中的晶闸管保护 [J]. 上海电力学院学报，2009，25（4）：309-312.

[7] 王鲁杨，王禾兴. 多重化整流电路实验中的触发脉冲 [J]. 上海电力学院学报，2010，26（2）：105-108.

[8] 王鲁杨，王禾兴. 电力电子技术综合性实验的设计与开发 [J]. 中国电力教育，2010，3：128-130.

[9] 王鲁杨，王禾兴. 三相半波可控整流电路故障分析实验中的几个典型问题. 中国高等学校电力系统及其自动化专业第 26 届学术年会论文集.

[10] 王鲁杨，王禾兴，汤波，等. 电力电子实验装置缺陷分析 [J]. 上海电力学院学报，2010，26（4）：319-321.

[11] 王鲁杨，王禾兴. 电力电子技术 [M]. 北京：中国电力出版社，2013.

[12] Bug1342. SG3525 功能简介 [OL]. http：//hi. baidu. com/bug1342/blog/item/48962b817603eddfbc3e1e5f. html.

[13] 自耦变压器的使用要求及优势 [OL]. http：//www. pw0. cn/article/dgwdz1/2015/0103/36111. htm1.